Norbert Gokui ZADI

LA MARCHE VERS LE POUVOIR LOCAL

La Conduite d'un Processus

Le Guide Pratique du Futur Candidat à une Election Locale

Order this book online at www.trafford.com
or email orders@trafford.com

Most Trafford titles are also available at major online book retailers.

Printed in the United States of America.

ISBN: 978-1-4269-9385-5 (sc)
ISBN: 978-1-4269-9384-8 (hc)
ISBN: 978-1-4269-9386-2 (e)

Library of Congress Control Number: 2012902948

Trafford rev. 11/15/2012

Trafford
PUBLISHING® www.trafford.com

North America & international
toll-free: 1 888 232 4444 (USA & Canada)
phone: 250 383 6864 ♦ fax: 812 355 4082

TABLE DES MATIERES

Avant-Propos..7

Introduction.. 11

PREMIERE PARTIE

LE PROCESSUS DE PRISE DE DECISION

Chapitre I

Un Aperçu de La Fonction d'Exécutif Local 21

I- Contenu de la Fonction d'Exécutif Local...........................21

I-1- Les Attributions Légales ou Missions Apparentes de l'Exécutif Local..21

A- Les Attributions Générales...22

B- Les Attributions Spécifiques au Maire.............................23

I-2-Les Missions Latentes ou de Fait de L'Exécutif Local 25

II- L'Exécutif Local Face aux Réalités Quotidiennes de l'Exercice de sa Fonction...26

II-1-Droits et Avantages de l'Exécutif Local.........................27

A- Les Droits de l'Elu Local 27

B- Les Avantages Matériels et Financiers 28

II-2- Les Obligations de l'Exécutif Local 29

II-3- Les Contraintes de Fait de l'Exécutif Local...................31

A-L'Exécutif Local et le Don de Soi 32

B- L'Exécutif local : Un Personnage Exposé 36

Chapitre II

L'Appréciation de l'Opportunité de l'Engagement à Prendre 41

I- L'Autocritique 41

I-1- Les Facteurs Handicapants 42

A- Les Pesanteurs Sociologiques et les Réalités Quotidiennes 42

B- La Donne Politique Locale 45

I-2- Des Atouts à Faire Valoir 46

A-L'Equation Personnelle 46

B- Le Contexte Politique Local 48

II- Le Jugement de l'Opinion Publique Locale 49

DEUXIEME PARTIE

LA PREPARATION DE LA CAMPAGNE ELECTORALE

Chapitre I

Du Prétendant au Postulant à la Fonction d'Exécutif Local 57

I-Les Réflexes Caractéristiques du Prétendant à la Fonction d'Exécutif Local 58

I-1-L'affirmation de son Intérêt pour la Gestion des Affaires Locales 58

I-2-La Familiarisation avec l'Institution Locale 60

A- Les Fondements et les Enjeux d'une Politique de Décentralisation..61

B- L'Organisation et le Fonctionnement des Collectivités Décentralisées..65

I-3-L'Approfondissement de la Connaissance de sa Collectivité Locale..71

A- Les Caractéristiques Géographiques et Economiques....71

B- Les Caractéristiques Historiques.................................73

C- Les Caractéristiques Sociologiques...............................73

II- L'Ebauche des Supports et Moyens d'Accompagnement de la Campagne Electorale.................76

II-1- Les Supports de Campagne......................................77

A- Le Programme de Campagne.......................................77

B- Le Discours de Campagne..84

II-2- Les Moyens d'Accompagnement de la Campagne Electorale..91

A- La Stratégie de Communication Electorale....................92

B- Le Budget de Campagne..97

III- L'Acte de Candidature..104

III-1-Fondement Juridique de l'Acte de Candidature à une Election..104

III-2- La Sélection de ses Colistiers................................106

Chapitre II
Du Postulant au Candidat à la Fonction d'Exécutif Local

Du Postulant au Candidat à la Fonction d'Exécutif Local...109

I- La Finalisation des Supports et Moyens d'Accompagnement de la Campagne Electorale..............109

I-1-Le Processus de Finalisation des Supports de Campagne et de la Stratégie de Communication..............110

I-2- Stratégie de Mobilisation des Ressources
Additionnelles 111

II-La Mise en Place du Dispositif de Campagne................ 112

II-1- Les Structures de Campagne 113

A- Les Structures Permanentes 113

B- Les Structures d'Appoint... 120

II-2- L'Expérimentation du Dispositif de Campagne 122

TROISIEME PARTIE

DE LA PERIODE ELECTORALE A LA PERIODE POSTELECTORALE

Chapitre I

La Période Electorale 129

I- La Campagne Electorale.. 129

I-1-Le Rôle du Candidat 130

I-2-Le Rôle des Autres Membres de l'Equipe
de Campagne 132

II-Le Déroulement du Scrutin Electoral............................. 134

II-1-La Préparation du Scrutin 134

II-2- L'Observation du Scrutin 135

Chapitre II

La Période Postélectorale... 137

I- La Proclamation des Résultats du Scrutin Electoral 137

II- L'Entrée en Fonction des Autorités Locales Elues 138

II-1-La Mise en Place des Organes de la Collectivité
Locale 138

A- La Répartition des Sièges au Sein de l'Organe Délibérant 139

B- La Désignation de l'Exécutif Local et la Mise en Place de l'Organe de Coordination 140

II-2-La Passation de Charges 142

III- Quelques Recommandations Utiles 144

III-1- Recommandations Générales 144

III-2- Recommandations Spécifiques 146

A- Recommandations au candidat Non Elu 146

B- Recommandations au Nouvel Exécutif Local 148

Conclusion 161

Bibliographie 165

AVANT-PROPOS

Le Pouvoir local peut être défini comme étant l'autorité que confère l'exercice de la fonction d'élu local, notamment celle d'exécutif local[1].

L'observation attentive du processus d'accession à la fonction d'exécutif local en Afrique en général, et en Côte d'Ivoire en particulier, a amené le praticien de la gestion locale, et l'observateur «interne» du jeu politique local que nous sommes, depuis de longues années, à nous interroger tant sur les conditions dans lesquelles bien de personnes font acte de candidature à une élection locale que sur la pertinence des stratégies auxquelles elles ont recours pour espérer atteindre leur objectif, c'est-à-dire, se faire élire.

C'est pourquoi nous voudrions, à travers ce livre, fruit de notre expérience du vécu des réalités de la conduite

---

1 Maire ou Bourgmestre, Président de Conseil général, Président de Conseil Régional ou de Communauté Urbaine, Gouverneur de District, etc.

des affaires d'une collectivité locale au quotidien, proposer une «recette» originale et pragmatique de conquête du Pouvoir local.

Il s'agit donc d'apporter notre pierre à la construction du destin de ces hommes et de ces femmes qui aspirent légitimement à réaliser leur rêve d'accéder, un jour, à cette honorable et respectable fonction d'exécutif local.

Bien que nous nous soyons inspirés du contexte aussi bien ivoirien que de quelques pays africains, la présente «*recette*» est applicable partout où besoin sera, pourvu que l'on puisse l'adapter aux réalités institutionnelles nationales.

Nous tenons, cependant, à souligner que cette «*recette*» n'est valable que lorsque le Pouvoir local s'acquiert dans le cadre d'élections libres et démocratiques, et non par voie de nomination.

En effet, la charge d'exécutif local découle d'un contrat de confiance entre une personne et des populations se reconnaissant en elle; lesquelles populations lui donnent mandat d'agir en leur nom, pour la défense de leurs intérêts, en vue de la réalisation de leur bien-être. Ce mandat est donné sur la base de promesses à elles faites par le candidat, à travers un programme spécifique de développement local auquel elles ont librement adhéré en lui accordant leurs suffrages.

Mandataire des populations concernées, l'intéressé, une fois élu, est tenu de leur rendre régulièrement compte de l'exécution du mandat reçu.

Les exemples cités dans ce livre, pour illustrer nos propos, sont des cas concrets observés dans différents pays, et non de simples hypothèses d'école.

INTRODUCTION

La conduite des affaires d'une collectivité locale[2] présente une particularité; celle d'être une gestion de proximité dont l'objectif est de satisfaire les besoins des populations à la base.

Cette approche de gestion découle de la mise en œuvre d'une politique nationale de décentralisation qui favorise la responsabilisation des populations auxquelles elle offre l'opportunité de choisir leurs élus locaux. Chaque candidat à la fonction d'exécutif local est alors appelé à solliciter leurs suffrages au cours d'élections locales. Ainsi se pose la problématique de la conquête du Pouvoir local qui doit bannir toute improvisation, au profit d'une démarche rationnelle résultant d'une préparation préalable.

Or, force est de constater que peu de candidats font de cette préparation une préoccupation majeure.

---

2 Communauté rurale, Commune, Département, District, Région, Communauté Urbaine etc

Nombreux sont ceux qui n'ont alors qu'une connaissance approximative des réalités de l'exercice de la fonction d'exécutif local à laquelle ils aspirent pourtant. C'est ainsi que l'on a généralement affaire à deux catégories de candidats.

La première catégorie concerne ceux des candidats qui, indépendamment de leur volonté, et contre toute attente, sont amenés à faire acte de candidature, parce que sollicités par leur communauté, un groupement associatif et, le plus souvent, par leur formation politique d'appartenance. Ces désignations intervenant presque à la veille des échéances électorales, les intéressés, pris de court, se trouvent placés devant le fait accompli. Tel est le cas des candidats des formations politiques parce que, bien souvent, la discipline du parti s'impose à eux.

La seconde catégorie est constituée de candidats qui, bien qu'ayant personnellement nourris cette ambition, attendent passivement ces échéances. Lorsqu'il leur arrive de se montrer quelques peu actifs, ils ne s'adonnent qu'à des parrainages de manifestations socioculturelles et sportives, avec remises de trophées ou de divers dons.

Il est évident que, dans ces deux cas de figure, les candidats ne peuvent véritablement se consacrer à une préparation adéquate. Quelques uns n'en éprouvant d'ailleurs pas le besoin; Persuadés, à tort, que leur formation initiale, leur rang social ou leur aisance financière sont des «sésames» qui leur donnent le sentiment qu'ils savent tout et qu'ils peuvent tout avoir.

Aussi, n'est-il pas surprenant que certains candidats soient confrontés à bien de difficultés, lors de l'établissement des listes de candidature. Celles-ci faisant parfois l'objet de rejets, pour méconnaissance des dispositions du code électoral.

Que d'aucuns soient amenés à concevoir des stratégies de campagne qui ne reposent que sur de l'improvisation, et non sur une démarche rationnelle. Or, «*Il n'y a point de vent favorable, pour celui qui ne sait où il va*», disait Sénèque.

Que d'autres encore se distinguent par des promesses électorales fondées sur des contrevérités, parce qu'en totale inadéquation avec les compétences et attributions légalement dévolues au niveau de collectivité locale qu'ils convoitent.

Et que bien d'autres regrettent d'avoir démissionné de fonctions antérieures mieux rémunérées au profit de la fonction d'exécutif local qu'ils croyaient plus lucrative.

Enfin, c'est par manque d'une préparation minimale que de nouveaux exécutifs locaux, face aux premières difficultés rencontrées dans l'exercice du Pouvoir local fraîchement acquis, n'hésitent pas à lancer la boutade suivante: «*Si je l'avais su, je ne me serais jamais aventuré dans cette histoire*».

Ce livre a donc pour objectif de renforcer les capacités des futurs candidats à une élection locale, en leur fournissant quelques informations et outils nécessaires, afin de leur permettre de s'engager, en toute connaissance de cause, dans la conquête du Pouvoir local qui doit être l'aboutissement d'un véritable processus. Car, «*Comme tout Pouvoir, le Pouvoir local se désire et se prend, il ne se donne pas*». Autrement dit, «*Il faut être maître de son propre destin*».

Car, l'expérience de la gestion locale montre, de façon éloquente, que la genèse et les motivations d'un candidat, la qualité de sa préparation, sa stratégie de campagne, l'idée qu'il se fait de la fonction d'exécutif local et l'état dans lequel il aborde son mandat sont de pertinents éléments d'appréciation qui ont, bien souvent, une influence déterminante sur le mode de gouvernance des affaires de sa collectivité, une fois le Pouvoir local acquis.

Un proverbe africain ne dit-il pas que: «*C'est aux premiers pas de l'enfant que l'on détecte les malformations qui affecteront plus tard ses jambes et ses pieds*» ?

Comment se décider à s'engager dans le processus de conquête du Pouvoir local ? Comment préparer efficacement sa campagne électorale ? Que faut-il faire pendant et après l'élection ?

Telles sont les problématiques auxquelles tentera de répondre ce livre qui comprend trois parties.

La première partie traite du processus de prise de décision, la deuxième partie est relative à la préparation de la campagne électorale, tandis que la troisième partie est consacrée aussi bien à la période électorale qu'à la période postélectorale.

PREMIERE PARTIE

LE PROCESSUS DE PRISE DE DECISION

Vouloir être candidat à une élection locale est une décision lourde de conséquences, pour celui ou celle qui l'envisage, et bien au-delà de sa seule personne. Car, bien que passionnante et exaltante, la fonction d'exécutif local est délicate et complexe.

C'est pourquoi la prise d'une telle décision doit être l'aboutissement d'une réflexion approfondie. En effet, cette réflexion doit être l'occasion d'ouvrir une lucarne sur la fonction d'exécutif local, afin d'en avoir un aperçu, d'une part, et d'autre part, de porter une saine appréciation sur bien de réalités du terrain dont il faut tenir compte, pour mieux juger de l'opportunité de l'engagement à prendre.

Aperçu de la fonction d'exécutif local et appréciation de l'opportunité de s'engager dans le processus de conquête du Pouvoir local, tels sont les deux chapitres autour desquels s'articule cette première partie.

CHAPITRE I

UN APERCU DE LA FONCTION D'EXECUTIF LOCAL

La première initiative à prendre, avant de se décider à s'engager dans la conquête du Pouvoir local que confère l'exercice de la fonction d'exécutif local, est de chercher à en avoir un aperçu. Cette initiative donnera, à l'intéressé, une idée de ce à quoi il pourrait s'attendre en accédant à cette fonction qui se caractérise par son contenu et les réalités de son exercice au quotidien.

I- CONTENU DE LA FONCTION D'EXECUTIF LOCAL

Dans la limite des compétences dévolues à chaque niveau de collectivité locale, l'exécutif local a des attributions légales ou missions apparentes desquelles découlent des missions latentes ou missions de fait.

I-1- LES ATTRIBUTIONS LEGALES OU MISSIONS APPARENTES DE L'EXECUTIF LOCAL

On entend par missions apparentes, des attributions expressément dévolues par les lois et règlements.

Les exécutifs locaux ont, dans leur ensemble, des attributions qui leurs sont communes ou générales auxquelles peuvent s'ajouter quelques attributions spécifiquement dévolues à certains d'entre eux, notamment les Maires.

A. Les Attributions Générales

Quel que soit le niveau de collectivité locale concerné, l'exécutif local est, tout d'abord, chargé de l'exécution des décisions prises par les organes décisionnels de sa collectivité.

Il veille ensuite au fonctionnement desdits organes. A ce titre, il convoque leurs membres aux différentes réunions ou sessions dont il assure la présidence. Il prépare le budget et l'exécute en engageant les procédures de passation des marchés y afférents. Il a le pouvoir de conférer des délégations d'attributions à certains membres du Conseil. Il représente sa collectivité locale dans les actes de la vie courante et assure la défense de ses intérêts.

Il est également le chef de l'administration locale dont le personnel, composé de fonctionnaires d'Etat et d'agents recrutés localement, est placé sous sa responsabilité. Il peut suspendre le personnel recruté localement et le licencier sur autorisation du Conseil, lorsque celle-ci est expressément requise.

B- Les Attributions Spécifiques au Maire

En vertu du principe du dédoublement fonctionnel, le Maire est tantôt représentant de la collectivité locale, tantôt représentant de l'Etat. Dans chaque cas, des attributions spécifiques lui sont dévolues.

1- Le Maire, représentant de la Commune

En tant que représentant de la Commune, les attributions générales à l'ensemble des exécutifs locaux, sont ipso facto dévolues au Maire.

A ce titre, il est, comme ses pairs, soumis au pouvoir de tutelle de l'autorité gouvernementale compétente.

2- Le Maire, représentant de l'Etat au sein de la Commune

En tant que représentant de l'Etat dans sa Commune, le Maire est chargé, dans les limites du territoire communal, de la publication et de l'exécution des lois et règlements ainsi que de l'exécution des mesures de sûreté générale édictées par le pouvoir central, c'est-à-dire, les mesures de prévention prises dans le but de protéger la société contre les infractions.

Il est, dans bien de pays, Officier de l'état civil et Autorité de police.

En qualité d'Officier de l'état civil, le Maire est, notamment chargé de l'enregistrement des naissances et des décès, de la célébration des mariages, de la délivrance des actes y afférents, de la légalisation et de la certification des documents, et de toutes autres activités relatives à l'état civil.

En qualité de détenteur de pouvoir de police, il est Autorité de police administrative et de police judiciaire.

Comme Autorité de police administrative, il est chargé de l'exécution des règlements de police municipale pris par le Conseil municipal, dans le respect de ses attributions. Il est également responsable du maintien de l'ordre, de la sûreté, de la tranquillité, de la sécurité et de la salubrité publique ainsi que de l'exécution des actes et directives de l'autorité supérieure qui s'y rattache.

Comme Autorité de police judiciaire, il a le pouvoir de constater les infractions, de rassembler les preuves, d'appréhender les auteurs et de les livrer aux tribunaux. En son absence, ses Adjoints exercent ces pouvoirs, dans l'ordre de préséance. Les services compétents en matière de police ou de sécurité nationale sont mis à sa disposition, pour lui permettre d'assumer ces pouvoirs et attributions qui lui sont dévolus.

Dans cette position de représentant de l'Etat au sein de sa Commune, le Maire est soumis au pouvoir hiérarchique des différentes autorités gouvernementales compétentes. Notamment, le Ministre de la Justice, Garde des Sceaux, lorsque le Maire agit en qualité d'Officier de l'état civil, le Ministre en charge de la Sécurité, lorsqu'il agit en qualité de détenteur du pouvoir de police.

Des attributions légales, ci-dessus, découlent des missions latentes ou missions de fait.

I-2- LES MISSIONS LATENTES OU MISSIONS DE FAIT DE L'EXECUTIF LOCAL

On entend par missions latentes ou missions de fait, des attributions non codifiées, mais que l'exécutif local exerce dans la pratique, sur la base d'attributions légales.

Ces missions latentes ou de fait sont de trois ordres. Il s'agit de missions d'administration, d'animation et de développement. Ainsi que l'on a, dans le langage courant, coutume d'affirmer que l'exécutif local est administrateur, animateur et bâtisseur.

L'exécutif local est *Administrateur, parce* qu'il est chargé d'administrer et de gérer les biens de la collectivité.

Il est *Animateur de la vie locale*, parce qu'il a pour rôle de créer l'harmonie et la cohésion sociale au sein de sa collectivité, en vue de la mobilisation de tous les acteurs locaux autour de l'œuvre commune de développement de leur collectivité locale.

L'exécutif local est *Bâtisseur,* parce qu'il a pour rôle de réaliser divers infrastructures et équipements au profit de ses administrés.

II- L'EXECUTIF LOCAL FACE AUX REALITES QUOTIDIENNES DE L'EXERCICE DE SA FONCTION

Dans l'exercice de sa fonction, l'exécutif local bénéficie de droits et avantages. En contrepartie, il est soumis à des devoirs et obligations, voire à des contraintes de fait.

II-1- DROITS ET AVANTAGES DE L'EXECUTIF LOCAL

Comme c'est l'espoir de la récompense qui adoucit le labeur, l'exécutif local, comme tout élu local, bénéficie de droits et avantages aussi bien matériels que financiers légalement institués. Ce qui signifie que l'élu local n'a aucun droit et avantage, sans fondement juridique.

A- Les Droits de l'Elu Local

Les droits reconnus à l'élu local sont variés et revêtent des formes multiples.

Ainsi, chaque élu local a, généralement:

- Le droit de participer à toutes les réunions ou sessions des organes décisionnels de la collectivité locale, et nul ne peut l'en empêcher, s'il n'est l'objet d'aucune sanction le lui interdisant;

- Le droit à une protection, prévue par la loi, contre les agressions ou accidents dans l'exercice de ses fonctions. C'est pourquoi, obligation est-elle faite à chaque collectivité locale de souscrire à une police d'assurance au profit des membres de son Conseil;

- Le droit de se présenter comme candidat à tout poste de responsabilité au sein des organes de la collectivité locale, si aucune disposition légale ne le lui interdit;

- Droit à une carte service, pour attester de son statut;

- Droit à la prise en charge des frais relatifs à ses obsèques, comme c'est le cas dans certains pays, etc.

B- Les Avantages Matériels et Financiers

Bien que la gratuité soit le principe de base de l'exercice de leur fonction, les élus locaux bénéficient de certains avantages matériels et financiers qui varient d'un pays à un autre.

Il s'agit, entre autres:

- Du remboursement des frais exposés lors des missions spéciales qui leur sont confiées par le Conseil;

- D'indemnités de fonction et de représentation dont les montants varient en fonction du poids démographique de chaque collectivité locale. Sont particulièrement concernés, les exécutifs locaux et les membres de l'organe de coordination;

- De jetons de présence aux réunions ou sessions de l'organe délibérant (Conseil de la collectivité locale);

- De frais de mission sur le territoire national et en dehors. Le montant journalier des frais de mission est déterminé par un texte législatif ou réglementaire;

- D'un véhicule de fonction, pour l'exécutif local, en particulier;

- D'un logement de fonction affecté à l'exécutif local. Tel n'est légalement pas le cas dans certains pays, etc.

Quelques droits et avantages ainsi répertoriés, qu'en est-il des obligations de l'exécutif local?

II-2- LES OBLIGATIONS DE L'EXECUTIF LOCAL

Comme les autres membres du Conseil de la collectivité locale, l'exécutif local est tenu:

- D'assumer ses responsabilités d'élu local avec sérieux, en évitant les absences abusives et sans fondement. Il lui faut, à ce titre, prendre les dispositions utiles, pour assister à toutes les réunions ou sessions, sauf en cas d'empêchement manifeste ou de cas de force majeure dûment notifié par écrit;

- D'être instruit de l'organisation et des règles de fonctionnement d'une collectivité locale, par la connaissance de la législation et de la réglementation en vigueur dans ses différents domaines de compétence;

- D'être à l'écoute des populations pour servir d'intermédiaire entre celles-ci et leur administration locale. A ce titre, il est tenu de s'informer de leurs besoins et préoccupations, afin de les porter à la connaissance du Conseil, d'une part, et d'autre part, de les informer et de leur expliquer, en retour, les décisions prises par leurs autorités locales;

- D'examiner consciencieusement les dossiers qui lui sont soumis;

- De respecter ses collègues élus locaux;

- D'éviter de s'opposer à l'exécution des décisions régulièrement sanctionnées par la majorité des membres du Conseil, etc;

- De préserver son honorabilité ainsi que l'image de la collectivité locale, en évitant tous comportements contraires à l'éthique de la gestion des affaires publiques. Tels que, la revendication d'avantages matériels et financiers sans base juridique, les abus de biens sociaux, c'est-à-dire, l'utilisation des biens de la collectivité à des fins personnelles, des rapports conflictuels avec les populations et les autres membres du Conseil, etc.

Nonobstant l'ensemble des obligations ci-dessus, l'exécutif local est soumis à des contraintes de fait.

II-3- LES CONTRAINTES DE FAIT DE L'EXECUTIF LOCAL

La fonction d'exécutif local est source de contraintes majeures. C'est donc, à juste titre, qu'elle est perçue comme un véritable sacerdoce, voire un don de soi, parce qu'elle fait de son titulaire un personnage exposé.

A- L'Exécutif Local et le Don de Soi

La fonction d'exécutif local est un don de soi, car elle exige une constante disponibilité et une grande capacité d'adaptation de la part de son titulaire qui est également l'objet de multiples sollicitations.

1- Une disponibilité de tous les instants

Au service de sa collectivité, l'exécutif local est tenu de se rendre disponible, par sa présence constante auprès de ses administrés qui y sont très sensibles, parce qu'ils la considèrent comme une marque d'attention et de considération à leur égard.

La disponibilité de l'exécutif local se manifeste également, à travers les multiples audiences, cérémonies et réunions qu'il est tenu d'honorer, même en dehors des jours et heures ouvrables.

Accordées aussi bien à son lieu de travail qu'à son domicile, les multiples audiences ne lui laissent que peu de temps à consacrer à lui-même, et à sa famille.

Cette disponibilité peut, cependant, incontestablement s'avérer préjudiciable à tout exécutif local, opérateur économique de son état, comme le témoigne les trois exemples, ci-dessous.

Le premier exemple est celui de cet ancien exécutif local, exploitant agricole qui, à la suite de sa défaite électorale retourna tout naturellement à son activité initiale. Mais quelle ne fut sa profonde désolation de retrouver son exploitation dans un état de délabrement avancé, pour n'y avoir pas consacré toute l'attention nécessaire, durant ses deux mandats d'élu local. Il se retrouva alors privé des substantielles ressources financières qu'il en tirait et qui lui avaient d'ailleurs permis de financer ses différentes campagnes électorales.

S'étant remis de sa défaite, il se consacra, de nouveau, avec ardeur à son exploitation. Si bien que quelques années plus tard, redevenue florissante, celle-ci lui permis de diversifier ses activités.

Ayant retrouvé son aisance financière d'antan, il ne manquait aucune occasion pour déclarer, avec humour, *«combien il remerciait le Seigneur de lui avoir infligé cette défaite électorale qui lui a été salutaire »*.

Le deuxième exemple est celui de cet autre ancien exécutif local à qui sa défaite électorale a permis de préserver, de justesse, son entreprise. Car, il aurait déclaré faillite, s'il était encore resté en fonction ne serait-ce que deux mois de plus.

Ce ne fut malheureusement pas le cas d'un troisième qui, n'ayant pu remettre à flot son fonds de commerce, se retrouva dans le dénuement total et devint la risée de tous.

2- Une nécessaire capacité d'adaptation

La diversité de ses interlocuteurs et des problèmes à résoudre exige, de l'exécutif local, une grande capacité d'adaptation.

Allant du plus humble au plus illustre de ses concitoyens, de l'intellectuel à l'analphabète, du haut cadre au plus modeste agent, du riche au pauvre, à chacun de ses interlocuteurs, l'exécutif local doit accorder la même considération, tenir un langage approprié emprunt de respect et de courtoisie .

Il lui faut, en outre, être capable d'opérer des choix douloureux et de les assumer. Car, l'inadéquation entre les ressources dont sa collectivité locale dispose et les multiples besoins à satisfaire le place, bien souvent, devant des situations inconfortables.

3-L'exécutif local face aux sollicitations

En bon père de famille, l'exécutif local est l'objet de diverses sollicitations aussi bien individuelles que collectives.

Les sollicitations individuelles proviennent, en général, de membres de son Conseil, de son personnel, de ses administrés, de ses amis et connaissances, de parents, d'agents de l'administration centrale ou déconcentrée, de personnalités et autres autorités politiques, etc.

Les sollicitations collectives émanent de communautés villageoises ou de quartiers, d'associations et groupements de toutes natures dont des formations politiques.

L'ensemble de ces sollicitations porte généralement sur des demandes de services et avantages divers, des plaintes ou des doléances, des règlements de conflits, etc.

En raison de la paupérisation croissante des populations africaines, ces sollicitations sont, de plus en plus, d'ordre financier. Aucun crédit budgétaire ne lui étant alloué, pour faire face à des dépenses de cette nature, l'exécutif local est, bien souvent, amené à les satisfaire sur ses ressources propres. Les règlements d'ordonnances médicales, des remises de dons lors de cérémonies funéraires et autres manifestations socioculturelles et sportives, des prises en charge de frais de scolarité d'enfants d'administrés, parfois même au détriment des siens, en sont quelques exemples. De telles contributions financières lui sont évidemment préjudiciables, ainsi qu'à sa famille.

B- L'Exécutif local: Un Personnage Exposé

L'exécutif local est un personnage exposé aussi bien dans l'exercice de sa fonction que dans sa vie privée.

1- Un Personnage exposé dans l'exercice de sa fonction

L'exécutif local est, dans l'exercice de sa fonction, soumis à divers contrôles et exposé à bien de désagréments.

En matière de contrôle

L'exécutif local est soumis au contrôle permanent de ses administrés dont le degré de satisfaction constitue, indéniablement, le baromètre d'appréciation de son action au service de sa collectivité.

Il est également soumis à un contrôle interne exercé par les membres du Conseil, puisque l'adoption de certains actes est requise de leur part, avant leur mise en exécution. Grâce aux véritables débats qu'il favorise au sein des différents organes de la collectivité locale, le scrutin proportionnel, en permettant à plusieurs sensibilités politiques d'être représentées dans ces instances, apparaît comme gage de transparence et de bonne gouvernance, parce qu'il contribue au renforcement de ce contrôle interne.

L'exécutif local est, de surcroit, soumis au contrôle de tutelle exercé par l'autorité gouvernementale en charge du suivi du fonctionnement des collectivités locales qui peut le suspendre ou obtenir sa révocation, en conseil des Ministres.

Au-delà de leur caractère contraignant, ces divers contrôles doivent être perçus positivement, parce qu'ils ont pour but de préserver les intérêts des populations, et d'amener l'exécutif local à conduire au mieux les affaires de sa collectivité.

Les sources de désagréments

L'exécutif local peut subir des sauts d'humeurs de la part de certains membres de son Conseil. Ces humeurs peuvent prendre des proportions de nature à perturber le fonctionnement harmonieux du Conseil, et d'entrainer la révocation de l'exécutif local, voire la suspension, et même la dissolution du Conseil,

Il peut également être victime de mécontentements et de mouvements de protestations de la part de ses administrés qui peuvent s'exprimer, à travers des pétitions, de la désobéissance fiscale, c'est-à-dire, le refus de s'acquitter des taxes, des marches pacifiques ou d'actions violentes, etc.

Comme toute autre personnalité politique, l'exécutif local est l'objet de critiques fondées ou malveillantes, de calomnies et d'abus de tous genres. Ce qui a fait dire au Professeur Hubert Oulaye[3] que:

« Les hommes politiques n'échappent pas à des individus de mauvaise foi, au mépris de leur honorabilité et de leur réputation. Cette réalité donne souvent à des personnes aux intentions douteuses qui les approchent d'opérer à leur insu des manœuvres dolosives, tels

---

3 Professeur Agrégé de Droit, Ancien Ministre ivoirien de l'Emploi, de la Fonction Publique et du Travail (janvier 2000-décembre 2010) et Député. Article du Quotidien ivoirien «Notre Voie» n°3388 du lundi 5 octobre 2009, page 15.

que l'escroquerie, les extorsions de fonds, de faux et abus de confiance, de chantages directs ou indirects, etc. ».

A ces comportements peut s'ajouter l'influence néfaste de courtisans. En effet, au moyen d'informations généralement erronées et de la délation, ceux-ci contribuent souvent à couper l'exécutif local de certaines réalités du terrain et à brouiller ses relations avec des membres de son Conseil ou de son administration. Le pire est que, par des conseils et suggestions peu pertinents ou contraires aux dispositions légales en vigueur, ils induisent celui-ci en erreur, en l'amenant à poser des actes illégaux dont il reste cependant seul à assumer les conséquences.

Enfin, il est à déplorer que certains administrés qui n'auraient jamais osés l'approcher, encore moins lui adresser la parole, s'il n'exerçait pas cette fonction d'exécutif Local, lui manquent délibérément de respect, à travers des propos désobligeants. Puisque, se targuant d'avoir contribué à son élection, ils ne s'empêchent de s'enorgueillir, dans des termes, du genre: *«C'est nous qui l'avons mis là où il est »*.

2- Un Personnage exposé dans sa vie privée

Les faits et gestes de l'exécutif local ainsi que ceux des membres de sa famille sont épiés et peuvent être portés avec délectation sur la place publique.

Ainsi, il n'est de secret pour personne que l'exécutif local soit souvent soupçonné de malversations. Si bien que, toute acquisition de biens et/ou la réalisation d'investissements personnels sont perçues comme ayant été financées sur les ressources de la collectivité locale ou provenant de faveurs ou passe-droits.

Face à de tels agissements synonymes de violation de son intimité, l'exécutif local doit demeurer en éveil permanent, afin de ne point faillir, et de parer à toutes éventualités. En faisant preuve de dépassement et de maîtrise de soi.

Il est également de son devoir de sensibiliser les membres de sa famille, pour qu'ils soient, eux aussi, moralement préparés contre toutes attaques insidieuses.

Les contours de la fonction d'exécutif local ainsi cernés, l'intéressé doit se consacrer à une juste appréciation de l'opportunité de l'engagement à prendre.

CHAPITRE II

L'APPRECIATION DE L'OPPORTUNITE DE L'ENGAGEMENT A PRENDRE

Il s'agit, à ce stade du processus de prise de décision, de jauger ses chances de succès. C'est-à-dire, d'évaluer ses possibilités réelles de pouvoir remporter l'élection.

Cette démarche est d'une importance stratégique, car, « *si la popularité ne garantit pas le succès, l'impopularité, par contre, garantit l'échec* ».

C'est pourquoi, l'intéressé doit, tout d'abord, se livrer à son autocritique, puis s'enquérir de l'opinion que les populations locales concernées ont de lui.

I- L'AUTOCRITIQUE

Véritable exercice d'introspection, l'autocritique est une marque distinctive des hommes d'ambition à qui elle permet de jeter un regard critique sur leur personne, leurs actes et leur parcours, pour mieux se projeter dans l'avenir.

L'autocritique consiste à identifier, sans complaisance ni faux-fuyant, c'est-à-dire, sans scrupule comme sans fausse honte, aussi bien ses atouts que ses propres faiblesses ou handicaps, en particulier. « *Connais-toi, toi-même* », disait Socrate.

I-1- LES FACTEURS HANDICAPANTS

En effet, des pesanteurs sociologiques et des réalités quotidiennes ainsi que la donne politique locale peuvent constituer de sérieux handicaps de nature à contrarier l'ambition de l'intéressé à s'engager dans la conquête du Pouvoir local.

A- Les Pesanteurs Sociologiques et les Réalités Quotidiennes

La société africaine est ainsi faite qu'elle demeure très attachée à certaines valeurs identitaires. Ce dont toute personne désireuse de s'engager dans une élection locale en Afrique doit tenir compte.

Ces valeurs portent généralement sur les origines de l'individu, c'est-à-dire, son ascendance ou son groupe sociologique d'appartenance au sein de la communauté concernée, sur sa capacité à s'exprimer dans la langue du terroir et sur la possession d'une résidence dans la collectivité locale.

Sont également concernés la réputation qui est la sienne, la fréquence de sa présence dans cette collectivité, son degré d'implication dans les événements marquants de sa communauté, etc.

Déterminantes dans l'appréciation de l'ancrage territorial de l'intéressé, ces considérations prennent beaucoup plus d'importance en milieu rural où les campagnes électorales sont parfois «cruelles». Bien de personnes l'ont malheureusement appris à leurs dépens, comme l'illustrent les deux exemples, ci-dessous.

Le premier exemple est celui de cette personne qui s'était toujours considéré comme membre à part entière de la collectivité locale qu'elle convoitait, parce qu'y ayant reçu le jour, et y ayant toujours vécu. Quelle ne fut donc sa stupeur et son désarroi d'apprendre sa non appartenance de souche à cette communauté, lorsqu'elle exprima son intention de se porter candidat lors de l'élection locale qui s'annonçait.

Après avoir obtenu confirmation de cette révélation, auprès de ses géniteurs, celle-ci décida, avec résignation et la mort dans l'âme, de regagner sa collectivité locale d'origine, c'est-à-dire celle dont son père était originaire.

Quelques années après s'être installé dans cette collectivité, elle y manifesta son intention de se porter candidat à l'élection locale suivante. Mais, là-bas aussi, on lui opposa sa présence trop récente, pour prétendre d'en être l'exécutif local. Elle tombait ainsi de charybde en scylla, pourrait-on dire, car de tous côtés son mal semblait infini.

Le second exemple, encore plus dramatique, est celui de cette autre personne au sujet de laquelle l'un de ses potentiels concurrents, de surcroît membre de sa famille, fit une révélation compromettante sur son identité. Cette révélation lui valu la perte de son emploi, à l'issue d'une investigation diligentée, à cet effet, par son employeur.

Au-delà de ces pesanteurs sociologiques, les contingences de la vie moderne amènent certaines personnes à être sensibles à l'aisance matérielle, c'est-à-dire, aux signes extérieurs du rang et de la fortune. Aussi en font-elles des critères, non négligeables, d'appréciation des candidats. Ne réalisant malheureusement pas toujours que la fonction d'exécutif local n'est nullement une œuvre philanthropique. Puisque, aussi fortuné soit-il, son titulaire n'utilisera que les ressources dont dispose sa collectivité locale, pour financer les actions et opérations de développement à réaliser, et non sa fortune personnelle.

B- La Donne Politique Locale

En effet, ne pas être en phase avec la majorité politique au sein de la population locale peut aussi constituer une source réelle de préoccupations pour tout candidat.

Il pourrait en être de même si, bien que politiquement en phase avec la majorité de la population, l'intéressé ne bénéficie pas de l'onction des instances dirigeantes de sa formation politique d'appartenance.

L'intérêt et la pertinence de cet exercice d'identification de ses insuffisances résident dans le fait qu'il offre à l'intéressé, l'opportunité de chercher à y remédier. De bâtir, par anticipation, un solide argumentaire, en vue d'en atténuer les conséquences. Et mieux, d'en faire, si possible, des atouts à exploiter. Positivant ainsi des situations qui peuvent paraître défavorables.

Comme le traduit, de fort belle manière, les propos d'une célèbre actrice[4] de cinéma qui, pour justifier sa légendaire bonne humeur, même face à l'adversité, affirmait, avec humour que, « *Même quand on vous donne du citron amer, essayez de faire de la limonade* ».

I-2- DES ATOUTS A FAIRE VALOIR

Ses faiblesses identifiées, l'intéressé doit procéder à un inventaire exhaustif de ses atouts qui peuvent résulter de son équation personnelle et du contexte politique local.

A- L'Equation Personnelle

L'équation personnelle de l'intéressé peut s'apprécier par rapport à ses capacités d'écoute et de communication, sa passion de servir sa collectivité locale, à l'ensemble des projets et initiatives de développement qu'il aurait initiés au profit de sa communauté, à la valeur ajoutée qu'il pourrait représenter pour celle-ci, en raison de la richesse de son réseau relationnel, à son sens aigu de l'observation, etc.

---

4   Joan Collins, alias Alexis Colby, actrice anglaise, vedette de la série télévisée américaine Dynastie.

Son sens de l'observation peut constituer un atout capital, en raison de la capacité qu'elle lui offre d'identifier aisément, au sein de sa collectivité, aussi bien les associations qui partagent sa vision et œuvrent réellement pour le bien public, que les groupes sociaux les plus vulnérables, pour être en mesure de proposer des solutions adaptées à leurs préoccupations réelles.

Etre relativement à l'abri du besoin constitue un atout certain pour l'intéressé qui bénéficierait d'un préjugé favorable quant à une saine gestion future des ressources financières de la collectivité locale. Les populations estimant, bien souvent, qu'un élu dans le besoin n'hésiterait pas à se servir des ressources de la collectivité à des fins propres. Ce qui justifie, sans doute, les propos de Monsieur Moustapha Niasse[5] qui, citant un proverbe ouolof, disait:

« Si l'on place un cheval qui a faim au bord d'un cours d'eau bordé de belles herbes fraiches, celui-ci ne pourra s'empêcher de brouter et de boire à satiété ».

---

5   Président de l'Assemblée Nationale du Sénégal. Interview accordée à la chaîne de télévision Africa 24

L'économie des atouts, ci-dessus, identifiés permet d'affirmer que, tout comme sa superficie et son poids démographique ou économique, la personnalité de son exécutif local peut contribuer au rayonnement d'une collectivité locale. Des exemples abondent en la matière.

B- Le Contexte Politique Local

Le contexte politique local peut aussi constituer un atout majeur, si l'intéressé est en phase aussi bien avec la sensibilité politique majoritaire au sein de la collectivité locale qu'avec les instances dirigeantes de sa formation politique d'appartenance.

Cette assertion est à relativiser dans la mesure où même sans être en phase avec les instances dirigeantes de sa formation politique d'appartenance, le contexte politique local peut lui être favorable.

Car, bien que l'étiquète politique demeure une condition déterminante pour se faire élire, la personnalité du candidat peut lui permettre de surmonter cet handicap. Parce que, ce n'est pas toujours que les électeurs tiennent compte des conflits internes aux appareils politiques. La victoire de candidats indépendants ou sans étiquète politique en est la parfaite illustration.

L'intérêt et la pertinence de cet exercice d'identification de ses atouts résident dans l'opportunité qu'ils offrent à l'intéressé de prendre conscience de ses aptitudes et qualités à exploiter, le moment venu, pour rehausser son image et atténuer les conséquences de ses faiblesses.

Son autocritique réalisée, l'intéressé doit s'enquérir du jugement que l'opinion publique porte sur sa personne.

II- LE JUGEMENT DE L'OPINION PUBLIQUE LOCALE

Se référer au jugement de l'opinion publique locale sur sa personne a pour but de prendre le pouls de sa popularité auprès des populations locales.

Un sondage d'opinion serait le moyen le mieux indiqué pour y parvenir. Des conditions préalables sont cependant nécessaires, pour en garantir la pertinence.

Il s'agit, tout d'abord, d'en déterminer le thème général et les objectifs.

Selon le niveau de collectivité locale concerné, le thème du sondage serait relatif à une élection municipale, une élection départementale, une élection régionale, etc.

Ce sondage pourrait avoir pour objectifs d'amener les personnes sondées à faire connaître les qualités et les défauts qu'elles trouveraient en l'intéressé ainsi que les suggestions qu'elles pourraient faire, pour lui permettre de corriger ses défauts et valoriser davantage ses qualités. Les informations nécessaires pour atteindre les objectifs visés peuvent faire l'objet d'un questionnaire à concevoir à cet effet.

Un échantillon de personnes à interroger est ensuite à identifier. Le but du sondage doit leur être expliqué, avant de les amener à répondre au questionnaire.

Pour en garantir la neutralité et l'objectivité, sa réalisation doit être confiée à de tierces personnes. Mandat pourrait ainsi être donné soit à une équipe à constituer par l'intéressé ou à de véritables professionnels en la matière.

Au total, la finalité de l'autocritique et du recours au jugement de l'opinion publique est de fournir à l'intéressé des éléments d'appréciation pouvant, en son âme et conscience, lui permettre de se décider à s'engager ou non dans le processus de conquête du Pouvoir local.

Si, au terme de sa réflexion, celui-ci se décide à s'engager, il sera alors considéré comme un *Prétendant à la fonction d'exécutif local.*

Dès cet instant, il lui faudra, par anticipation, amorcer la préparation de la campagne électorale à venir. Car, « *Qui veut aller loin, ménage sa monture* ».

DEUXIEME PARTIE

LA PREPARATION DE LA CAMPAGNE ELECTORALE

La préparation de la campagne électorale peut se décliner en deux phases correspondant chacune à l'évolution progressive du statut de l'intéressé, allant du statut de prétendant à celui de postulant, d'une part, puis du statut de postulant à celui de candidat, d'autre part.

Du prétendant au postulant et du postulant au candidat, tels sont les deux chapitres qui composent cette partie

CHAPITRE I

DU PRETENDANT AU POSTULANT A LA FONCTION D'EXECUTIF LOCAL

Cette première phase de la préparation de la campagne électorale correspond à la période comprise entre le moment où la décision a été prise de s'engager dans le processus de conquête du Pouvoir local, et le dépôt de candidature.

Il s'agit de la période au cours de laquelle l'intéressé doit afficher clairement sa prétention à briguer la fonction d'exécutif local.

Cette prétention peut être attestée par certains réflexes caractéristiques à développer, et l'ébauche de différents supports et moyens d'accompagnement de la campagne électorale à venir qui permettront, au prétendant à la fonction d'exécutif local d'aujourd'hui de faire, le moment venu, acte de candidature en toute sérénité.

I- LES REFLEXES CARACTERISTIQUES DU PRETENDANT A LA FONCTION D'EXECUTIF LOCAL

Le parrainage de manifestations socioculturelles et sportives, la présence à différentes cérémonies, notamment funéraires, constituent généralement des signes de reconnaissance d'un prétendant à la fonction d'exécutif local, en Afrique.

Sans remettre en cause l'utilité de telles initiatives auxquelles l'être humain en général et l'africain en particulier est très sensible, tout prétendant gagnerait à développer bien d'autres réflexes. Il s'agirait d'affirmer, entre autres, son intérêt pour la gestion des affaires locales, sa volonté à se familiariser avec l'institution locale, et son désir de mieux connaître la collectivité locale qu'il convoite.

I-1-L'AFFIRMATION DE SON INTERET POUR LA GESTION DES AFFAIRES LOCALES

Le premier réflexe d'un prétendant à la fonction d'exécutif local est de faire montre d'une curiosité intellectuelle qui pourrait se traduire par son intérêt manifeste à l'égard de la gestion des affaires d'une collectivité locale.

Cette disposition d'esprit doit l'amener à être à l'affût de toutes informations, tous sujets et événements s'y rapportant. Il lui faudra alors accorder une attention particulière aux articles de presse, émissions de télévision et de radio, et autres moyens de communication qui les relateraient.

Les sessions ou réunions de l'organe délibérant qu'est le Conseil de toute collectivité locale étant publiques, toutes dispositions utiles sont à prendre, par le prétendant, pour y assister. Et, principalement, à celles concernant la collectivité locale qu'il convoite. L'occasion lui serait ainsi donnée d'être au fait des réalités concrètes de cette collectivité, c'est-à-dire, de ses acquis et difficultés éventuels.

Sa connaissance des maux qui affectent celle-ci l'amènerait, certainement, à se garder de toutes critiques arbitraires, et à proposer les solutions les mieux adaptées pour remédier à ces maux.

Le besoin de s'enrichir de conseils avisés doit l'inciter à échanger avec des personnes ressources identifiées, en raison de leur expérience en la matière de décentralisation et de conduite des affaires locales.

Se documenter doit être une autre de ses occupations favorites, pour disposer d'une riche documentation. Car, «*Se tenir informer, c'est cultiver le sens des réalités, c'est se faire une opinion concrète et se donner les moyens de décider objectivement*». Autrement dit, une personne informée accroît sa capacité d'agir.

Il lui faut également se distinguer par son implication active dans les événements marquants de la vie de sa communauté, et de s'investir dans la réalisation de divers projets de développement communautaire.

L'identification des guichets nationaux et internationaux de financement du développement local est à entreprendre, dans la perspective du financement des projets à réaliser, une fois le Pouvoir local acquis.

Enfin, tout prétendant à la fonction d'exécutif local doit avoir le réflexe de réaliser des prises de vues de toutes les activités publiques auxquelles il participe. Ces images lui seront utiles, lors de la campagne électorale.

I-2- LA FAMILIARISATION AVEC L'INSTITUTION LOCALE

Nul ne peut s'engager efficacement dans une activité sans en cerner, au préalable, les contours. Aussi, tout prétendant à la fonction d'exécutif local est-il tenu de se familiariser avec l'institution locale.

L'occasion lui serait ainsi donnée d'avoir un aperçu du cadre institutionnel de l'exercice de cette fonction à laquelle il aspire, et de s'imprégner aussi bien des fondements et enjeux de la politique de décentralisation que des règles d'organisation et de fonctionnement de l'institution locale.

A- Fondements et Enjeux d'une Politique de Décentralisation

1- Fondements de la décentralisation

Le premier enseignement que le prétendant tirera de son «voyage» au sein de l'institution locale est que le Pouvoir local s'exerce dans le cadre d'une politique nationale de décentralisation.

En effet, cette politique de décentralisation résulte de l'idée selon laquelle l'Etat, reconnaissant en son sein l'existence d'entités sociologiques distinctes ayant des intérêts particuliers, décide d'en confier la gestion à des personnes librement choisies, en leur sein, par les populations concernées. C'est de cette idée que découle la création des collectivités décentralisées en Afrique où elles sont l'émanation de l'Etat, contrairement à d'autres continents où les collectivités locales, notamment les Communes ont précédé l'Etat.

Ainsi déchargé des problèmes d'intérêt particulier, l'Etat peut se consacrer aux questions d'intérêt général et national.

2- Quelques enjeux de la politique de décentralisation

Trois enjeux majeurs, ci-dessous, président généralement à la création de collectivités locales, en Afrique:

i- Rapprocher l'administration des administrés, dans le but de favoriser la prise en main de leur destin par les populations concernées, à travers leur participation à la gestion de leurs propres affaires;

ii- Favoriser le développement économique à la base, pour lutter contre la pauvreté et l'exode rural, réduire les disparités locales et régionales, en vue de la préservation de l'unité nationale, la sauvegarde de la cohésion et la paix sociale, préalables à tout développement harmonieux et durable;

iii- Favoriser l'apprentissage à la démocratie, à l'alternance politique et à la culture de la bonne gouvernance dans la gestion des affaires publiques.

Ces enjeux mettent en évidence qu'une collectivité décentralisée est, avant tout, une véritable institution de développement qui doit, par conséquent, être gérée comme telle.

C'est pourquoi, nous pouvons affirmer qu'en responsabilisant les populations à la base, la politique de décentralisation est porteuse d'un message fort, celui selon lequel, « *Tout retard de développement qu'accuserait une collectivité locale donnée ne pourra plus être imputable à personne d'autre, ni même à l'Etat, mais à ses propres fils et filles qui n'auraient pas su saisir l'opportunité qui leur aurait été offerte, pour créer les conditions d'une véritable dynamique de développement de leur localité* ».

Une batterie de textes législatifs et réglementaires régit l'organisation et le fonctionnement des collectivités locales. Une exploitation judicieuse de ces textes permettra, à tout prétendant à la fonction d'exécutif local:

- D'être au fait de la répartition des compétences entre les différents niveaux de collectivités locales;

- De s'imprégner du vocabulaire usité en matière de décentralisation et de gestion locale, dont il pourrait faire usage dans son discours de campagne, et faire ainsi la preuve de son savoir en matière de décentralisation et de gestion locale;

- De maîtriser les dispositions du code électoral; En particulier, celles relatives à l'établissement d'une liste de candidature, à savoir, les modalités d'établissement de la liste, le nombre de personnes exigées par liste, les conditions d'éligibilité, les cas d'inéligibilité, les cas d'incompatibilité, les pièces à fournir par chaque candidat et le montant du cautionnement.

Ces textes législatifs et règlementaires constituent, avec les délibérations du Conseil de la collectivité, les arrêtés, les décisions, les notes circulaires et autres actes administratifs de l'exécutif local, les fondements juridiques aussi bien des actions que de l'organisation et le fonctionnement des collectivités décentralisées.

B-L'Organisation et le Fonctionnement des Collectivités Décentralisées

Il existe différents niveaux de collectivités décentralisées dont l'organisation et le fonctionnement découlent de leur définition.

1- Les différents niveaux de collectivités décentralisées

Les collectivités décentralisées sont de différents niveaux dont les dénominations varient d'un pays à l'autre.

Ainsi l'on parle de la Communauté rurale, de la Commune, de la Ville, du District, du Département, du Cercle, de la Région, de la Communauté Urbaine, du Comté etc.

Ces collectivités disposent chacune d'un organe délibérant, d'un organe de coordination, d'un organe exécutif et d'organes consultatifs statutaires. Le tableau, ci-dessous, en donne un aperçu:

QUELQUES EXEMPLES DE NIVEAUX DE COLLECTIVITES LOCALES ET LEURS ORGANES RESPECTIFS

Niveau de Collectivité	Organe Délibérant	Organe de Coordination	Organe Exécutif	Organes Consultatifs Statutaires
commune	Conseil Municipal	Municipalité	Maire	Composées de membres du Conseil
Ville	Conseil de Ville	Municipalité de la Ville	Maire de la Ville	" "
Département	Conseil Général	Bureau du Conseil Général	Président	" "
District	Conseil de District	Bureau du Conseil de District	Gouverneur	" "
Région	Conseil Régional	Bureau du Conseil Régional	Président	" "

2- Définition de la collectivité décentralisée et ses implications

La collectivité décentralisée se définit comme une collectivité territoriale dotée de la personnalité morale et de l'autonomie financière.

On entend par collectivité territoriale, le fait pour cette entité de disposer d'un territoire bien délimité sur lequel vit une population identifiée.

On entend par personnalité morale, le fait qu'il est reconnu à cette collectivité le droit qu'a toute personne physique, notamment le droit d'ester en justice lorsqu'elle est lésée. Elle dispose, en outre, d'organes et d'un personnel propres, pour exercer les attributions qui sont les siennes, dans le cadre de compétences à elle transférées, selon une répartition des compétences entre les différents niveaux de collectivités.

On entend par autonomie financière, la possibilité pour la collectivité de se doter d'un budget propre alimenté par diverses ressources. Ces ressources proviennent de contributions de l'Etat, de fonds de concours de tout autre partenaire et de divers impôts et taxes que la collectivité locale est habilitée à instituer, pour assurer le financement des actions et opérations nécessaires à son développement.

Cette autonomie financière est cependant tempérée par cette règle immuable de gestion des finances publiques qu'est le principe Sacro-saint de la séparation de l'Ordonnateur et du Comptable.

En vertu de ce principe, l'Ordonnateur, en l'occurrence, l'exécutif local, prescrit l'exécution des recettes et des dépenses dont il est seul juge de l'opportunité, c'est-à-dire, qu'il en est le décideur.

Appelé Trésorier principal ou Receveur municipal, Trésorier payeur, etc., selon le niveau de la collectivité, le Comptable est un agent du trésor public. Il est responsable de la prise en charge et du recouvrement des ordres de recettes ainsi que des mandats de paiements qui lui sont transmis par l'ordonnateur. Le Comptable est seul habilité à effectuer les paiements, sur les fonds de la collectivité locale, après vérification des pièces justificatives et du service fait. Ces fonds sont, dans la majorité des Etats africains, logés dans le fonds commun du trésor.

Ce principe sert à organiser un contrôle réciproque entre ces deux partenaires. C'est pourquoi, chacun, en ce qui le concerne, est tenu, en fin d'exercice budgétaire, de rendre compte de sa gestion, par la production de son Compte Administratif, s'agissant de l'Ordonnateur, et de son Compte de Gestion, pour ce qui est du Comptable. Ces Comptes dont les données doivent être conformes doivent obtenir le Quitus de l'organe délibérant de la collectivité locale.

Il ressort de ce qui précède que l'exécutif local n'a pas de fonds à disposition qu'il manipule à sa guise, contrairement à l'idée répandue, à tort, dans l'opinion publique. Si tel était le cas, celui-ci se rendrait coupable d'une « Gestion de fait » et passible de sanctions.

Ce principe de Séparation de l'Ordonnateur et du Comptable est l'une des manifestations concrètes du droit de regard que l'Etat se réserve sur la conduite des affaires des collectivités territoriales, à travers un dispositif de régulation que constitue le mécanisme juridique de la tutelle.

3- La tutelle des collectivités territoriales

La tutelle de l'Etat sur les collectivités territoriales est exercée par les services centraux et des autorités déconcentrées relevant du département ministériel en charge de la décentralisation.

La tutelle a trois fonctions principales:

i- Une fonction d'assistance-conseil qui consiste à aider les autorités locales à mieux conduire les affaires de la collectivité;

ii- Une fonction d'harmonisation qui consiste à s'assurer que les actions et initiatives des collectivités locales s'inscrivent bien dans la stratégie globale de développement national définie par l'Etat;

iii- Une fonction de contrôle qui porte sur les actes, les organes et les personnes des autorités locales.

Il existe deux types de tutelle: la *tutelle a priori* et la *tutelle a posteriori.*

• On parle de *tutelle a priori*, lorsque les actes des autorités locales doivent obtenir une autorisation préalable de l'autorité de tutelle, avant d'être exécutoires.

• On parle de *tutelle a posteriori*, lorsque les actes des autorités locales sont exécutoires, dans un délai requis, après leur transmission obligatoire à l'autorité de tutelle. Ne possédant plus le pouvoir d'annuler ces actes ou d'en suspendre l'exécution, l'autorité de tutelle ne peut que saisir le juge de la légalité, pour qu'il se prononce. Le contrôle a posteriori est donc un contrôle juridictionnel de légalité qui fait du juge le seul détenteur du pouvoir de décider des redressements souhaitables.

La tutelle de l'Etat sur les collectivités territoriales achève de convaincre que la décentralisation n'est pas synonyme d'indépendance. Ce qui signifie que l'exécutif local ne peut faire tout ce que bon lui semble.

I-3- L'APPROFONDISSEMENT DE LA CONNAISSANCE DE SA COLLECTIVITE LOCALE

Pour prétendre diriger une collectivité locale, il faut nécessairement en connaître les réalités, à travers ses caractéristiques géographiques, économiques, historiques et sociologiques.

A- Les Caractéristiques Géographiques et Economiques

Par caractéristiques géographiques d'une collectivité locale, il faut entendre les données relatives à sa superficie, ses conditions climatiques, sa proximité éventuelle avec des voies routières, des cours d'eaux, le littoral et d'autres collectivités locales, etc.

Quant aux caractéristiques économiques, elles portent sur les potentialités exploitables en la matière, pour réaliser le développement de la collectivité locale.

Il s'agit des infrastructures, des richesses naturelles, des principales activités économiques et commerciales, des principales entreprises pourvoyeuses d'emplois, etc.

Une analyse comparative entre caractéristiques géographiques et caractéristiques économiques est cependant, nécessaire, pour mieux apprécier les capacités réelles de développement de la collectivité locale.

Autant, cette analyse pourrait montrer que la vaste étendue d'une collectivité locale constitue un atout de développement, parce que celle-ci regorge de richesses; autant, elle constitue un handicap majeur, lorsque la collectivité ne dispose pas de ressources suffisantes pour mettre en valeur un territoire d'une telle dimension.

B- Les Caractéristiques Historiques

Les caractéristiques historiques évoquent les origines de la collectivité locale, mais aussi les événements ayant, de façon significative, marqué la vie locale. Ces évènements peuvent être des catastrophes naturelles, telles que des inondations, des sécheresses, des famines, des pénuries d'eau, des incendies, des épidémies, des conflits nationaux ou intercommunautaires, etc.

L'histoire constituant la mémoire et le patrimoine d'un peuple, vouloir présider aux destinées de celui-ci exige d'en être instruit, pour attester de son appartenance.

C- Les Caractéristiques Sociologiques

L'enjeu d'une élection locale est de rallier à sa cause les suffrages d'un électorat que constitue une population donnée. C'est pourquoi, il est indispensable d'en avoir une parfaite connaissance, à partir de ses réalités sociologiques.

Le prétendant pourrait ainsi être instruit de l'évolution démographique de cette population, de son niveau de scolarisation et de vie, de sa frange exerçant une activité professionnelle et celle au chômage, de ses us et coutumes ainsi que du climat social prévalant en son sein. Par climat social, il faut entendre l'harmonie ou les dissensions et oppositions qui existeraient entre ces populations.

Ces caractéristiques sociologiques lui permettraient également d'identifier les différentes catégories d'acteurs locaux qui composent cette collectivité.

Ces acteurs peuvent, de notre point de vue, être classés en quatre catégories, à savoir:

1- Les élus locaux: Cette catégorie d'acteurs est composée des membres des instances dirigeantes de la collectivité locale concernée, de leurs homologues d'autres collectivités, ainsi que d'élus de la nation, dont les députés résidents dans ladite collectivité;

2- Le personnel de l'administration locale;

3- Le personnel des services déconcentrés de l'Etat et des entreprises privées opérant sur le territoire de la collectivité locale;

4- La société civile: Cette dernière catégorie est constituée de l'ensemble des habitants, d'abord pris individuellement, puis des groupements économiques que sont les opérateurs économiques, des membres d'associations, groupements ou mutuelles à caractère social, professionnel, syndical, politique. Sans oublier, les membres de la diaspora et tous ceux ayant un intérêt dans la collectivité.

Cette classification a pour finalité de permettre au prétendant d'être en mesure de mieux identifier les besoins et préoccupations spécifiques à chacune des composantes du corps social et de proposer les solutions les plus appropriées.

L'opération d'identification de ces besoins pourrait être confiée à l'équipe ou au professionnel ayant réalisé le sondage d'opinions.

L'intérêt et la pertinence d'une connaissance parfaite de sa collectivité locale résident dans l'opportunité offerte au prétendant de disposer d'un ensemble de données nécessaires pour affiner sa vision, concevoir des supports de campagne en adéquation aussi bien avec les aspirations profondes des populations que les potentialités et contraintes de la collectivité locale concernée.

Affirmer son intérêt pour la gestion des affaires locales, se familiariser avec l'institution locale, approfondir sa connaissance de la collectivité convoitée, telles sont quelques unes des actions concrètes qui doivent révéler le véritable comportement d'un prétendant à la fonction d'exécutif local. Sans pour autant négliger les signes de reconnaissance accoutumés en Afrique.

La capitalisation des acquis des réflexes développés, doit permettre au prétendant d'aller bien au-delà, pour jeter les bases des supports et des moyens d'accompagnement de sa campagne électorale.

II- L'EBAUCHE DES SUPPORTS ET MOYENS D'ACCOMPAGNEMENT DE LA CAMPAGNE ELECTORALE

L'importance stratégique des supports et moyens d'accompagnement d'une campagne électorale commande de se donner le temps nécessaire pour les concevoir en toute sérénité.

Car, c'est à travers ces différents outils que le prétendant aura l'occasion de formaliser ses idées et de mettre ainsi en valeur sa propre personnalité, son propre style, voire son propre génie. «*Si vous voulez aller loin, partez seul*», disait Le Mahatma Gandhi.

II-1- LES SUPPORTS DE CAMPAGNE

Le programme et le discours sont les supports de base d'une campagne électorale.

A- Le Programme de Campagne

Le programme de campagne est un document de présentation des actions et opérations que propose le prétendant, pour traduire sa vision, et répondre aux impératifs de développement de la collectivité locale convoitée.

Selon qu'il se rapporte à une Commune, une Ville, un Département, une Région ou autres, ce programme de campagne peut prendre la dénomination de Projet Communal, Projet de Ville, Projet Départemental, Projet Régional, etc.

Le programme de campagne doit présenter des caractéristiques spécifiques et faire l'objet d'une minutieuse élaboration.

1-Les caractéristiques du programme de campagne

L'une des premières caractéristiques d'un programme de campagne est d'être *réaliste*, c'est-à-dire, qu'il ne doit être constitué que de projets réalisables. Il faut, par conséquent de se garder d'y inscrire un nombre pléthorique de projets.

Madame Irénée Soaez[6], alors candidate à sa première élection municipale dans son pays, en a donné un exemple édifiant.

En effet, ayant, sans doute, tenu compte aussi bien des potentialités et handicaps de la Commune qu'elle convoitait que des aspirations profondes des populations concernées, celle-ci proposa un programme de campagne ne comportant que cinq projets stratégiques. Ces différents projets portaient sur des thématiques qu'elle estimait pertinentes pour le développement de cette Commune.

Ces projets ayant en totalité été réalisés, à la grande satisfaction de ses administrés, elle fut plébiscitée pour un second mandat.

Mieux, ses remarquables acquis forcèrent l'admiration d'un grand nombre de ses compatriotes qui suscitèrent

---

6   Ancienne Miss Venezuela et Miss Univers, en 1982, Maire de la Commune vénézuélienne de Chacao au sein de la métropole de Caracas, 1992-1998.

sa candidature, lors de l'élection présidentielle ayant lieu dans son pays, en 1998.

Jugée novatrice, l'expérience de gestion locale de Madame Soaez fît l'objet d'une large diffusion médiatique, à travers le monde, à cette époque.

Bien d'exécutifs locaux gagneraient à s'inspirer de cette expérience. Car, comme ils s'en rendent quotidiennement compte, dans l'exercice de leur fonction, aucun exécutif local, quelle que soit sa bonne volonté, ne peut tout faire à la fois. L'essentiel est donc, pour chacun, de s'employer à apporter sa modeste pierre à l'édifice, en ne s'investissant que dans des projets utiles et indispensables au développement de la collectivité. Ils éviteraient alors de faire du saupoudrage, synonyme de réalisations insignifiantes et à faible impact sur le développement local; Parce que, « Qui trop embrasse, mal étreint ».

C'est à ce prix que le passage de tout exécutif local à la tête de sa collectivité marquera, encore longtemps, la conscience de ses concitoyens, lorsque le moment viendra, pour lui, de rendre le «tablier». Faute de quoi, il serait comparable à un navire qui, après son passage sur l'eau, ne laisse aucune trace. Car, *«L'homme passe, mais certains de ses actes lui survivent, de génération en génération »*, a dit le sage.

Tout en étant réaliste, le programme de campagne ne doit pas être qu'un simple catalogue ou un répertoire, c'est-à-dire, une énumération de projets. C'est pourquoi, chaque projet qui y figure doit faire l'objet d'une fiche de présentation fournissant les informations relatives, notamment à:

- Sa dénomination;
- Sa description sommaire;
- Son lieu d'implantation sur le territoire de la collectivité locale;
- Ses bénéficiaires;
- Son coût prévisionnel;
- Sa/ses source (s) de financement, etc.

Ce programme doit être particulièrement *attractif* aussi bien dans la forme que dans le fond. Le Président Abraham Lincoln[7] ne disait-il pas que, *«Celui qui a une bonne idée mais qui ne sait pas la vendre, n'est pas plus avancé que celui qui n'en a pas »*?

---

7   Abraham Lincoln 16ème Président des États-Unis d'Amérique (1809-1865) 8 Schéma Régional d'Aménagement du Territoire (SRAT), en Côte d'Ivoire.

Dans la forme, le programme de campagne doit, de préférence, être élaboré conformément à la nomenclature du document de programmation stratégique[8] en usage dans son pays et dont il faudra se procurer une copie.

Une telle présentation aura l'avantage de permettre la traduction du programme de campagne en un véritable plan stratégique de développement, une fois le Pouvoir local acquis. Les projets qui le composent pourraient ensuite être intégrés aux différents programmes triennaux de développement, pour enfin être budgétisés et exécutés, à travers les budgets successifs de la collectivité locale.

Ainsi conçu, le programme de campagne apparaîtra comme l'expression de la volonté réelle du prétendant à tenir ses promesses que les populations seront en mesure d'évaluer selon leur réalisation, s'il accédait à la fonction d'exécutif local.

L'importance de la forme ne doit cependant pas occulter le fond qui est l'essence même du programme de campagne.

---

8   Schéma Régional d'Aménagement du Territoire (SRAT), en Côte d'Ivoire.

Dans le fond, le programme de campagne doit, avant tout, situer en introduction de sa note de présentation, le cadre général dans lequel il est conçu. Il s'agit, en fait, de souligner la nature de l'élection concernée (municipale, départementale, régionale, etc.) et de rappeler brièvement les enjeux de la politique de décentralisation en cours dans son pays.

Les projets retenus dans ce programme doivent être en adéquation avec les intérêts et les aspirations profondes des populations, les attributions légales et les missions latentes de l'exécutif local. Et plus particulièrement avec les compétences dévolues au niveau de collectivité locale concerné.

L'expérience des campagnes électorales en Afrique, montre que tel n'est souvent pas le cas, puisqu'il arrive, par exemple que des programmes de campagne de bien de candidats à une élection municipale fassent mention de projets ne relevant nullement de la compétence de la Commune, mais d'autres niveaux de collectivités. Se référer au tableau synoptique de répartition des compétences entre les différents niveaux de collectivités locales permettrait d'éviter de telles erreurs.

Enfin, le programme de campagne doit être conçu en prenant en compte aussi bien les *potentialités et les contraintes* réelles de la collectivité locale, des orientations nationales de développement que du programme de société de son parti politique d'appartenance.

2-Les modalités d'élaboration du programme de campagne

Trois options sont envisageables, en matière d'élaboration d'un programme de campagne.

La première option consiste en l'élaboration du programme par le prétendant lui-même.

La deuxième option est de confier cette mission à un comité d'élaboration composé, notamment des membres de l'équipe ayant effectué le recensement des besoins des populations.

La troisième option consiste à solliciter les services d'un professionnel.

Au cas où il opterait pour la deuxième ou la troisième approche, le prétendant doit, au préalable, élaborer les termes de référence qui définiront le contexte, les objectifs, les résultats attendus, les modalités et le délai de mise en œuvre de la mission à commanditer.

Il lui faudra ensuite valider le projet de programme qui lui sera proposé, au terme de la mission.

B- Le Discours de Campagne

Le discours de campagne est, par essence, le moyen par lequel l'orateur livre la quintessence de son message, révèle sa personnalité et forge sa crédibilité. Aussi, doit-il correspondre à la manière dont le prétendant voudra être perçu, comme candidat.

Car, s'il contribue à valoriser l'orateur, le discours de campagne peut, en revanche, lui être préjudiciable.

«Ce que l'on conçoit bien s'énonce clairement et les mots pour le dire arrivent aisément », disait Boileau.

Un proverbe africain d'ajouter: *«C'est la parole qui permet de mieux connaître l'homme».* Autrement dit: *«Une seule parole suffit à révéler la qualité intérieure d'un homme»*, disait Maharishi Mahesh Yogi[9].

---

9   Physicien de formation, Instructeur spirituel indien, fondateur de la Méditation Transcendantale (1917-2008).

Au Pasteur Martin Luther King de dire: «*Un homme ne vaut que par ce que vaut sa parole*».

Certes, il existe des orateurs doués et possédant de grandes qualités d'improvisation qui, au pied levé sont capables de faire de beaux discours. Mais, ceux-là sont l'exception. C'est pourquoi, ayant pour objectif de permettre au candidat de partager sa vision et sa passion pour sa collectivité, de faire connaître les fondements de sa motivation à la servir, le discours de campagne doit faire l'objet d'une minutieuse préparation.

Ainsi, à l'instar du programme, le discours de campagne doit présenter des caractéristiques spécifiques et se décliner, selon une trame logique.

1-Les caractéristiques du discours de campagne

L'une des caractéristiques essentielles du discours de campagne d'une élection locale est d'être *modéré*.

Une élection locale met généralement en concurrence que des fils et filles d'une même communauté. Guidé par un idéal commun, celui de servir leurs concitoyens, chaque candidat ne devrait, en aucune façon, perdre de vue que seul, le débat d'idées est à privilégier, lors des joutes électorales.

Tous propos démagogiques, discourtois et diffamatoires sont donc à bannir pour faire place à une campagne électorale loyale. Ils éviteraient alors de faire de celle-ci une source de division, car la préservation de l'harmonie et la cohésion au sein de la communauté doit demeurer leur préoccupation commune.

Ce comportement contribuerait à créer les conditions d'une implication future de tous les acteurs locaux dans les actions de développement que l'élu entreprendra dans l'intérêt général. Car, « *Les blessures d'amour propre sont les plus difficiles à cicatriser* ».

Ayant pour objectif de convaincre les électeurs, le discours de campagne doit être *cohérent, persuasif* et *mobilisateur.* Aussi doit-il être conçu selon un plan logique et simple où, une à une, viendront prendre place les idées qui sembleront les meilleures pour le candidat pour faire valoir son programme ainsi que la cause qu'il a à défendre.

Le discours doit être *clair* et *simple,* pour être accessible à tous. La politique étant aussi une affaire émotionnelle, les candidats qui font appel aux cœurs des électeurs battent généralement ceux-là qui ne font appel qu'à leurs têtes. Le discours de campagne apparaissant comme une «arme» de séduction, s'exprimer dans la langue ou le langage que les électeurs comprennent plus facilement peut s'avérer porteur.

Généralement prononcé sous la forme classique, c'est-à-dire, sous forme d'exposé, le discours de campagne pourrait, en fonction du public cible, se décliner sous la forme active. Autrement dit, sous forme de questions réponses ou en alternant les deux formes.

Enfin, le discours de campagne doit être *concis.* C'est pourquoi, citant un de ses anciens professeurs, un administrateur[10] territorial ivoirien a coutume de dire: «*La longueur du discours permet de mesurer la distance qui sépare l'orateur de son auditoire*».

2-La trame du discours de campagne

Le discours de campagne propre à une élection locale peut, selon une suite logique, s'articuler autour de sept (7) principales idées- forces.

---

10 Dr Jacques N'guessan Obouo, Sociologue, Préfet de Région en Côte d'Ivoire.

i- Rappeler, en introduction, le cadre dans lequel le discours est prononcé. S'agit-il d'une élection municipale, départementale, régionale, etc ?

ii- Présenter, sous son aspect peu reluisant, la collectivité locale convoitée, en mettant l'accent sur ses faiblesses. Ce constat négatif permettra au candidat de décliner sa motivation, c'est-à-dire, les raisons fondamentales de son désir de s'engager dans le processus de conquête du Pouvoir local;

iii- Mettre particulièrement en exergue, les potentialités de la collectivité locale, en la présentant comme unique en son genre. La collectivité locale et le pays étant les entités auxquelles tout citoyen est le plus attaché, il faut exploiter au mieux cette relation affective. L'exposé relatif sa vision et de son programme mettra en évidence son ambition pour sa collectivité;

iv- Evoquer les moyens humaines, techniques et financiers ainsi que la stratégie de mobilisation des différentes catégories d'acteurs locaux auxquels l'on compte avoir recours, pour réaliser cette ambition;

v- Démontrer que l'on est le seul candidat capable de résoudre les problèmes de la collectivité locale en y apportant les solutions qu'attendent les populations.

Il s'agit ici de se « vendre », soi-même, en mettant en exergue ses propres atouts. Ses principes de vie ainsi que les fondements de son action future, notamment la transparence, la bonne gouvernance pourraient, à cette occasion, être énoncés;

vi- Répondre à toute attaque dirigée contre sa personne, au moyen de l'argumentaire que l'on aura, par anticipation, conçu à cet effet. Comme sait si bien le faire ce parlementaire d'un pays émergeant dont l'expérience est, à ce titre, édifiant. Puisque, malgré un préjugé à son encontre qui aurait pu le desservir, celui-ci arrive à se faire régulièrement réélire.

Quelle est donc sa recette? Serait-on tenté de se demander.

Les succès de ce parlementaire résident, en effet, dans sa stratégie de communication basée sur un argumentaire constant et magistralement rendu à travers son discours de campagne. Minutieusement conçu et prenant en compte aussi bien son autocritique que le jugement de l'opinion publique locale sur sa personne, cet argumentaire repose sur deux idées maîtresses qui consistent, tout d'abord, à reconnaître publiquement, avec courage et humilité, le préjugé dont il est victime, puis à mettre dans la balance ses nombreux acquis unanimement reconnus, en comparaison avec les modestes résultats de ses pairs.

Cet argumentaire s'est toujours avéré imparable, parce que, rompu aux joutes électorales, celui-ci sait parfaitement que l'objectif d'un discours de campagne est également de permettre aux électeurs d'apprécier ce qui fait la spécificité de chaque candidat.

C'est ainsi que l'on rapporte que ce parlementaire atypique, arrive toujours à désarmer ses adversaires et à forcer l'admiration des électeurs qui lui renouvellent régulièrement leur confiance, parce que sensibles à son courage, à son humilité, à sa franchise ainsi qu'à ses résultats probants. Ainsi confirme-t-il l'adage qui dit: *«Une faute avouée est à moitié pardonnée».*

Cet exemple montre combien la force d'un argumentaire est capable de venir à bout de tous les obstacles, même ceux qui, à première vue, peuvent paraître insurmontables. Le discours constitue, à ce titre, l'un des moyens pertinents pour réaliser cette alchimie. Car, «*Quiconque nourrit l'ambition de se faire élire, doit pouvoir persuader; pour persuader, il lui faut apprendre à plaire; pour plaire, il faut surtout savoir séduire; et pour séduire, il lui faut être capable de bien parler*».

vii-Soigner particulièrement la conclusion de son discours. Car, il n'est de secret pour personne que lorsqu'on s'adresse à un auditoire, les derniers propos tenus sont ceux qui produisent le plus d'effets sur celui-ci.

«*Convaincre et non contraindre, telle est la marque des véritables leaders* ».

II-2- LES MOYENS D'ACCOMPAGNEMENT DE LA CAMPAGNE ELECTORALE

La stratégie de communication et le budget de campagne sont des moyens d'accompagnement d'une campagne électorale.

A- La Stratégie de Communication Electorale

Toute stratégie de communication électorale vise à promouvoir un projet, un candidat ou une cause politique, dans le but de conquérir le vote des électeurs. C'est pourquoi tout candidat à la fonction d'exécutif local est tenu de s'en doter.

Bâtir une stratégie pertinente de communication électorale consiste à répondre à sept (7) questions fondamentales suivantes:

1- *Que veut-on promouvoir ?*
2- *Quels sont les objectifs visés ?*
3- *Quelles sont les cibles visées, leurs préoccupations et motivations ?*
4- *Quels sont les moyens à déployer ?*
5- *Quel est le message à porter?*
6- *Quel est le budget prévisionnel ?*
7- *Quel est le planning de mise en œuvre de la campagne ?*

La plupart des questions, ci-dessus, peuvent trouver leurs réponses aussi bien dans le programme et le discours de campagne que dans les initiatives antérieures du prétendant. La compilation de l'ensemble des données ainsi constituées lui permettra de jeter les bases de sa stratégie de communication à bâtir, en y intégrant le budget prévisionnel et le planning de campagne. Pour s'assurer de la fiabilité de ces deux outils, il serait pertinent de les élaborer respectivement, après identification de tous les besoins, s'agissant du budget, et après le dépôt de candidature, en ce qui concerne le planning de campagne. Cette stratégie de communication ne sera cependant considérée comme achevée que, lorsqu'elle aura décliné l'identité de campagne de la liste ainsi que les modalités de restitution des supports de campagne conçus.

1- L'identité de campagne

L'identité de campagne est l'ensemble des éléments distinctifs de promotion du candidat et de sa liste.

Elle est composée de la dénomination, du slogan et du logo.

La *dénomination* est l'appellation donnée à la liste.

Exemple: « *Liste Union et Solidarité* ».

Le *slogan* est une phrase brève, concise, originale et frappante qui doit pouvoir impressionner et rester graver dans l'esprit de l'électeur. Il n'est ni le programme, ni le discours de campagne. Il doit, par contre, être une synthèse de toutes les idées fortes qui mettent en exergue la personnalité du futur candidat et de sa liste, son projet local, l'objectif de sa campagne, etc.

Exemple: « *L'expérience au service du développement participatif de la localité de . . .* ».

Le *logo* est la représentation graphique d'identification de la liste.

Exemple: « *Une poignée de mains* ».

Il ressort de ce qui précède que l'identité de campagne découle de la personnalité du futur candidat et des caractéristiques de la collectivité locale. En tirant profit des conclusions de l'appréciation de l'opportunité de son engagement et de la démarche engagée, en vue d'une meilleure connaissance de la collectivité locale concernée, la formulation de l'identité de campagne de sa liste sera aisée, pour le prétendant.

2-Les modalités de restitution des supports de campagne

La stratégie de communication électorale pose la problématique fondamentale de la restitution du programme et du discours de campagne dont dépendront l'image et la crédibilité du candidat dans sa tentative de séduction de l'électorat.

La restitution revêt donc une importance capitale dans la conduite de la campagne électorale. C'est pourquoi, il faudra veiller à ce qu'elle soit adaptée à chaque public cible identifié lors de l'examen des caractéristiques sociologiques de la collectivité locale. Car, quelle que soit leur qualité, ces supports de campagne ne produiront les effets escomptés que s'ils sont efficacement restitués et bien compris par leurs principaux destinataires que sont les électeurs.

La restitution des supports de campagne peut prendre diverses formes. Elle pourrait se faire sous forme:

- De *Réunions publiques*, tels que les meetings, les conférences, les débats contradictoires entre candidats, etc;

- *D'actions de relations publiques de proximité* qui peuvent aller du porte à porte à des expositions tournantes ou journées portes ouvertes, à travers les différents quartiers et villages de la collectivité locale.

Ces expositions consisteraient, entre autres, à présenter, sous forme virtuelle, les projets proposés.

Elles pourraient être agrémentées de projections de films documentaires ainsi que des images présentant le candidat dans ses activités publiques antérieures.

L'être humain appréciant mieux ce qu'il a vu, ces actions de proximité constitueraient, à n'en point douter, de véritables temps forts de la campagne électorale de leur initiateur. Surtout, si l'on prend soin d'offrir aux populations l'opportunité d'échanger directement avec le candidat et ses colistiers.

- *De supports écrits,* c'est-à-dire, par la production et la diffusion de plaquettes, prospectus, dépliants, brochures et affiches. Y compris à travers des articles de presse qui constituent des relais privilégiés avec lesquels il faut compter.

Ces actions de restitution ne pourront être efficacement menées qu'en se dotant d'un budget y afférent.

B- Le Budget de Campagne

Le financement de la campagne électorale constitue l'une des équations majeures à résoudre par tout candidat à une élection. Ne dit-on pas que l'argent est le nerf de la guerre ?

Car, il ne sert à rien d'avoir de grandes ambitions, et un message si pertinent, soit-il, à faire passer, si l'on ne dispose pas de moyens pour se faire entendre. Aussi est-il indispensable de se doter d'un budget prévisionnel de campagne, dont tout prétendant à la fonction d'exécutif local gagnerait à entreprendre l'élaboration, le plus tôt possible.

Ce budget donnerait un aperçu des charges qu'occasionnerait sa campagne électorale ainsi que des ressources à mobiliser pour espérer couvrir ces dépenses.

1- Aperçu des charges de campagne

Les charges ou dépenses de campagne peuvent être constituées des principales rubriques suivantes:

- *Frais d'installation et de fonctionnement des structures de campagne.*

Les frais d'installation et de fonctionnement des structures de campagne sont relatifs aux dépenses d'acquisition ou de location:

- du local devant abriter le siège ou quartier général de campagne;
- d'équipements, notamment le mobilier de bureau, ordinateurs, télécopieur, photocopieurs, etc.

- *Frais de communication et d'animation*

Les frais de communication et d'animation sont relatifs aux dépenses:

- d'acquisition ou de location de moyens de communication: téléphone fixe, cellulaire avec cartes de recharges, téléphone satellitaire, talkie-walkie, mégaphone, etc;
- de conception et d'animation d'un site web;
- de presse et publicité;
- de confection d'outils promotionnels: dépliants, plaquettes, prospectus, affiches, banderoles, posters, tee-shirts, gadgets, etc;

- d'organisation de meetings, conférences, conférences de presse, expositions ou journées portes ouvertes (location de salles, chaises, abris, sono, micro, rétro projecteur, vidéo projecteur, etc.**)**

- *Frais de transports*

Les frais de transports concernent les dépenses de:

- location ou d'achat de matériel de transport: véhicules, motocyclettes, bicyclettes, etc;
- carburant et lubrifiants, etc.

- *Frais d'hébergement et de restauration*

Les frais d'hébergement et de restauration portent sur les dépenses:

- d'hébergement des membres de l'équipe de campagne dont la nécessité se ferait sentir;
- de restauration de toute l'équipe, y compris les auxiliaires, le jour du vote, en particulier.

- *Frais de formation et de sensibilisation*

Les frais de formation et de sensibilisation concernent les dépenses d'organisation des séances ou journées de mise à niveau des colistiers et des membres de l'équipe de campagne et autres.

- *Frais de sécurité;*
- *Honoraires de conseils et de consultance;*
- *Imprévus*, etc.

2-Aperçu des sources de financement

L'importance des moyens financiers à dégager pour couvrir l'ensemble des charges exigera la mise en place d'une stratégie de mobilisation de ressources qu'il faudra, auparavant, prendre soin d'identifier.

Les sources de financement de la campagne électorale peuvent être classifiées en deux catégories. Les contributions dites courantes ou internes, d'une part, et les contributions dites additionnelles ou externes, d'autre part.

a) *Les Contributions Courantes ou Internes*

Sont dites courantes ou internes, les contributions provenant de personnes ou d'organisations directement concernées par la candidature. Il s'agit, en particulier, du candidat-tête de liste, de ses colistiers et, éventuellement, de leur formation politique d'appartenance.

Les contributions des colistiers sont généralement constituées de la caution de candidature à verser par chacun d'eux. L'expérience montre, cependant, qu'en Afrique, le candidat- tête de liste- se trouve parfois dans l'obligation de s'acquitter de la caution de quelques uns de ses colistiers.

Il importe, toutefois, de souligner qu'au-delà du versement de la caution de candidature, quelques colistiers contribuent financièrement ou en nature, par la mise à disposition de moyens logistiques (véhicules, bons de carburant, siège de campagne, etc.).

Généralement de faible niveau, lorsqu'elle est versée, la contribution de la formation politique d'appartenance n'est en fait que symbolique.

Face à ces réalités, tout prétendant à la fonction d'exécutif local, en Afrique, doit s'attendre à ce que l'essentiel des charges de la campagne lui incombe à titre principal. Le recours à des contributions additionnelles ou externes pourrait donc être une voie à explorer, pour alléger son apport personnel.

b) Les Contributions Additionnelles ou Externes

Ces contributions peuvent être financières ou en nature, et sollicitées auprès de donateurs potentiels internes ou externes à la collectivité locale.

Ceux-ci peuvent être des personnes physiques ou morales qui partagent les idées du prétendant et futur candidat ou se sentent proches de lui. Il pourrait même s'agir d'opposants à ses futurs adversaires ou de personnes qui n'auraient pas intérêt à ce que ces adversaires soient élus.

La stratégie à développer en direction de ces potentiels donateurs consiste, dans un premier temps, à les identifier et à les rencontrer individuellement, pour les convaincre et obtenir d'eux, *sans compromission aucune*, la promesse ferme de pouvoir bénéficier de leur concours, le moment venu.

Il ne sera donc pas question de se contenter de les informer de son intention de se porter candidat à l'élection locale à venir, pour espérer y arriver.

L'enjeu de ces rencontres est, pour le prétendant, d'exposer, avec conviction, à ceux-ci, aussi bien ses ambitions que ses besoins réels. Il ne doit cependant pas oublier de leur souligner les avantages et les opportunités que leur offrirait la mise en œuvre de son programme de campagne, dont une brève présentation devra leur être faite.

Car, il ne faut nullement perdre de vue que ceux-ci n'accepteront de contribuer que s'ils sont convaincus qu'ils auront, d'une façon ou d'une autre, un avantage à tirer de l'élection du candidat qui les sollicite.

Ces contributions additionnelles serviraient à relever un double challenge.

Le premier challenge consiste à permettre à des personnes de valeur et à la notoriété publique établie, mais peu favorisées de la fortune, de disposer de moyens nécessaires pour battre campagne et espérer ainsi accéder à la fonction d'exécutif local.

Le second challenge, quant à lui, est de contribuer à préserver, dans une certaine mesure, le principe de l'égalité des chances entre tous les candidats et d'atténuer, un tant soit peu, le mythe des candidats fortunés.

C'est en fonction de ces défis que le prétendant doit particulièrement faire jouer son réseau relationnel.

Au total, c'est en s'appuyant sur l'ensemble des supports et des moyens d'accompagnement de sa future campagne électorale qu'il aura conçu, que le prétendant à la fonction d'exécutif local sera suffisamment « armé » pour, d'une part, participer avec brio à d'éventuelles primaires au sein de sa formation politique d'appartenance, et d'autre part, exercer un véritable leadership, c'est-à-dire, un ascendant incontestable sur les membres de la liste à établir, pour faire acte de candidature. Car, qui détient la connaissance et l'information détient le véritable Pouvoir.

III-L'ACTE DE CANDIDATURE

L'acte de candidature à une élection locale repose sur un fondement juridique immuable, et le choix des colistiers.

III-1- FONDEMENT JURIDIQUE DE L'ACTE DE CANDIDATURE A UNE ELECTION

Le fondement juridique d'un acte de candidature à une élection réside incontestablement dans le mode de scrutin y afférent.

Le scrutin de liste est, en matière d'élection locale, le mode de scrutin en vigueur dans un grand nombre de pays.

Conformément à ce mode de scrutin, toute déclaration de candidature doit être présentée sous forme d'une liste comportant autant de noms que de sièges à pourvoir. L'acte de candidature pose donc la problématique du choix de ses colistiers. Ce choix doit s'opérer en tenant compte de deux enjeux majeurs à savoir, remporter l'élection, d'une part, et d'autre part, exercer le Pouvoir, une fois celui-ci acquis.

Au regard de ces enjeux, deux catégories de partenaires sont indispensables à tout prétendant à la fonction d'exécutif local.

La première catégorie concerne ceux des partenaires véritablement capables de faire gagner l'élection. La seconde catégorie concerne ceux qui peuvent permettre de disposer d'une équipe compétente pour conduire efficacement les affaires de la collectivité locale, une fois le Pouvoir local acquis.

Il va de soit que ces deux catégories de partenaires présenteront des profils différents.

Ainsi, pour s'assurer de la sélection d'hommes et de femmes capables de constituer, plus tard, de véritables valeurs ajoutées, tout prétendant à la fonction d'exécutif local gagnerait principalement à opérer le choix de ses colistiers au sein de la seconde catégorie. Car, c'est à une véritable sélection qu'il lui faudra se consacrer, pour constituer sa liste.

III-2- LA SELECTION DE SES COLISTIERS

La sélection de colistiers correspondant au profil de partenaires recherchés peut s'opérer, selon une démarche rationnelle pouvant se décliner en huit (8) étapes.

1- Définir, au préalable, et en fonction des défis à relever, des critères correspondants au profil du colistier recherché. La prédisposition à servir la communauté et non de se servir pourrait être un critère, parmi tant d'autres. Ce critère aurait pour avantage de disposer d'un organe délibérant composé de véritables acteurs de développement qui contribueront activement et en toute objectivité aux débats. Et non de simples faire-valoir, c'est-à-dire, de bénis oui-oui ou de caisses d'enregistrement;

2- Identifier un échantillon de personnes correspondant à ce profil;

3- Prendre contact avec chacune de ces personnes identifiées, dans le but d'obtenir leur accord de principe, y compris celles qui auraient été proposées par sa formation politique d'appartenance;

4- Organiser une rencontre avec l'ensemble des personnes ayant donné leur accord de principe. Cette rencontre aura pour but de les informer des droits, obligations et contraintes liées à l'exercice de la fonction d'élu local, des conditions à remplir et des pièces à fournir pour figurer sur la liste de candidature, etc;

5- Dresser une liste provisoire de candidature, en fonction de ceux qui, sachant désormais à quoi s'en tenir, se seraient déterminés;

6- Réceptionner les dossiers fournis par chacun d'eux et procéder à leur vérification par un comité restreint constitué de juristes;

7- Arrêter la liste définitive de candidature, après avoir fait compléter les dossiers qui le nécessiteraient et pourvoir au remplacement des personnes aux dossiers véritablement litigieux;

8- Veiller particulièrement à l'établissement de la liste par ordre de préséance, dans la perspective de la répartition des sièges au sein de l'organe délibérant, conformément au mode de scrutin proportionnel. L'attribution des sièges s'opérant de droit dans l'ordre proposé par chaque liste. Car, l'expérience montre que des colistiers de valeur ne disposent d'aucun siège d'élu local, pour mauvais positionnement de leurs noms sur la liste de candidature.

La liste définitive ainsi constituée, une rencontre est à initier, en vue de la validation de l'identité de campagne.

Procéder, ensuite, à la collecte de la caution due par chaque colistier, puis faire acte de candidature, par le dépôt et l'enregistrement de sa liste auprès de l'institution nationale en charge des élections, conformément aux formalités administratives en vigueur.

Le dépôt de candidature fera alors du prétendant un *Postulant* à la fonction d'exécutif local.

CHAPITRE II

DU POSTULANT AU CANDIDAT A LA FONCTION D'EXECUTIF LOCAL

Cette seconde phase du processus de préparation de la campagne électorale correspond à la période allant du dépôt de candidature à la publication des listes autorisées à prendre part à l'élection.

Fort des garanties dont il se serait entouré pour préserver sa liste contre tout rejet, le postulant à la fonction d'exécutif local doit mettre cette période à profit, pour finaliser les différents supports et moyens d'accompagnement de sa campagne, et procéder à la mise en place de son dispositif de campagne.

I- LA FINALISATION DES SUPPORTS ET MOYENS D'ACCOMPAGNEMENT DE LA CAMPAGNE ELECTORALE

Cette étape est à ne pas négliger, parce qu'elle permettra, d'une part, de disposer de supports de campagne et d'une stratégie de communication de qualité, et de procéder à la mobilisation des ressources additionnelles, d'autre part.

I-1- LE PROCESSUS DE FINALISATION DES SUPPORTS DE CAMPAGNE ET DE LA STRATEGIE DE COMMUNICATION

Ce processus consistera, pour le postulant, à peaufiner son programme et son discours de campagne ainsi que la stratégie de communication dont il aura le mérite d'avoir pris soin d'en réaliser une ébauche.

Ce processus doit être participatif, en vue d'une implication active des colistiers. Car, ayant l'avantage, et non des moindres, de disposer d'esquisses des différents outils de campagne soumis à leur appréciation, ils trouveront là l'opportunité de les enrichir, de les valider et de se les approprier. Des journées d'échanges sont à organiser, à cet effet.

Ces journées sont à mettre à profit, par le postulant, pour faire partager sa vision du développement à impulser à sa collectivité ainsi que l'argumentaire qu'il aura bâti, à partir des enseignements tirés de son autocritique et du jugement de l'opinion publique.

S'inscrivant dans cette logique participative, ces journées, tout en permettant aux colistiers d'être au même niveau d'information, contribueraient, incontestablement, à créer les conditions d'une totale adhésion de tous autour du projet de conquête du Pouvoir local auquel ils sont associés. Alors parleront-ils le même langage, en tenant un discours invariable d'un colistier à l'autre.

C'est à ce prix que chacun d'eux se sentira véritablement concerné par la campagne électorale à venir, parce qu'il aura personnellement et activement pris part à sa préparation. Et que leur liste prendrait une bonne longueur d'avance sur les listes concurrentes.

I-2- STRATEGIE DE MOBILISATION DES RESSOURCES ADDITIONNELLES

La collecte des ressources additionnelles auprès des donateurs identifiés et de tous ceux qui se manifesteraient doit faire l'objet d'un suivi méthodique et rigoureux.

Ainsi, nonobstant les contacts directs, des correspondances pourraient être adressées à ceux ayant donné leur accord de principe, pour les en remercier, leur rappeler leurs promesses et les inviter à faire connaître la manière dont ils comptent faire parvenir leurs contributions.

Par souci de transparence nécessaire pour créer la confiance, ces contributions doivent être enregistrées dans un registre ouvert, à cet effet, et les numéraires versés dans un compte bancaire domicilié dans une institution financière de la place.

Cette opération de collecte doit être entourée de la plus grande discrétion, dans l'intérêt des donateurs.

L'attention du postulant et de ses colistiers doit cependant être attirée sur un constat récurrent. En effet, l'expérience montre que, pour s'assurer que leurs contributions serviront effectivement à la campagne électorale, les donateurs ne s'exécutent généralement qu'après la publication des listes autorisées à prendre part à l'élection.

C'est pourquoi, malgré les promesses qui leurs auraient été faites, ils doivent s'attendre à ne compter que sur leurs ressources propres, pour couvrir, ne seraient ce que, les frais de démarrage de leurs activités.

II- LA MISE EN PLACE DU DISPOSITIF DE CAMPAGNE

La mise en place du dispositif de campagne électorale consiste à se doter d'une organisation pratique indispensable à une conduite efficace de la campagne à engager.

Ce dispositif doit être constitué de différentes structures opérationnelles dont la fiabilité est à tester préalablement sur le terrain.

II-1- LES STRUCTURES DE CAMPAGNE

Des structures permanentes et des structures d'appoint pourraient servir de dispositifs de base, pour battre campagne.

A- Les Structures Permanentes

Elles sont dites permanentes, parce que ces structures constitueront l'ossature du dispositif de campagne.

Il s'agit de la direction de campagne et de commissions spécialisées.

1- La direction de campagne

La direction de campagne est placée sous la responsabilité d'un directeur à désigner par le postulant.

Elle sera l'organe de supervision et de coordination de l'ensemble des activités à mener, tout au long de la campagne électorale, par les différentes structures à impliquer.

Elle sera alors chargée de l'élaboration du plan stratégique de campagne, à partir du projet de stratégie de communication initialement conçu. Ce plan stratégique de campagne servirait de tableau de bord et d'outil de communication.

Ce plan stratégique de campagne doit clairement énoncer l'objectif à atteindre, celui de permettre au candidat de remporter l'élection. Aussi doit-il décliner les activités et le planning de déroulement de la campagne.

Les activités concernent l'ensemble des tâches à réaliser avant, pendant et après la campagne. Leurs dates de réalisation sont à indiquer, en tenant compte des événements marquants qui surviendraient au sein de la collectivité locale, durant la campagne. Qu'ils s'agissent d'évènements heureux ou malheureux, afin d'être en harmonie avec le cours normal de la vie quotidienne des populations qu'il faut se garder de heurter.

Le planning est l'outil de gestion du temps et de suivi de la campagne, au quotidien. Il servira à l'évaluation périodique de l'état d'avancement de la campagne. C'est pourquoi, il doit être flexible pour pouvoir le réaménager, en cas de besoin. Il reviendra à la direction de campagne de rendre compte de son exécution, au jour le jour.

2- Les commissions spécialisées

C'est à ces commissions qu'incombera une part importante de la mise en œuvre de la campagne. Aussi leurs rôles doivent-ils leur être clairement définis.

Il faut éviter qu'elles aient des effectifs pléthoriques.

Huit commissions spécialisées, ci-dessous, peuvent être mises en place.

I- *La Commission des Finances*

La commission des Finances sera chargée de l'exécution du budget de campagne. Aussi devra-t- elle faire diligence, pour recouvrer entièrement les ressources budgétisées et régler les factures à temps.

Cette commission qui aura à rendre compte de sa gestion doit être composée de personnes intègres.

II- *La Commission Communication et Animation*

La commission communication et animation sera chargée:

- de l'organisation et de l'animation de toutes les manifestations publiques que sont les meetings, les conférences et autres;

- du suivi de la confection des divers produits publicitaires de campagne, tels que les prospectus,dépliants, affiches, gadgets, etc;

- de la promotion du candidat et de ses colistiers, tout en veillant à la qualité de leurs interventions publiques. De les analyser, pour en tirer les enseignements nécessaires à leur amélioration éventuelle.

Le porte-parole de la liste pourrait être désigné parmi les membres de cette commission.

III - *La Commission Transports et Logistique*

La commission des transports et de la logistique sera chargée de réunir toute la logistique nécessaire, d'en assurer le transport ainsi que des membres de l'équipe de campagne dont le besoin se présenterait.

IV-La Commission Sécurité

La commission sécurité sera chargée de veiller à la protection du candidat, de ses colistiers, de leurs mandataires ainsi que des biens mobilisés dans le cadre de la campagne.

V- *La Commission Santé*

La commission santé sera chargée d'assurer, en cas de besoin, les interventions médicales de premières nécessités et les évacuations vers des centres médicaux.

VI- *La Commission Hébergement et Restauration*

La commission hébergement et restauration sera chargée de veiller à l'hébergement de membres de l'équipe de campagne dont le besoin s'imposerait, et de pourvoir à la restauration de l'équipe de campagne et des scrutateurs, principalement le jour du vote.

VII- *La Commission de supervision des opérations de vote*

La commission de supervision des opérations de vote sera chargée de l'encadrement des scrutateurs, de veiller au bon déroulement du scrutin dans les bureaux de vote et de la collecte des copies des procès-verbaux des différents bureaux de vote.

VIII- *La Commission* des Affaires *Juridiques et du Contentieux*

La commission des affaires juridiques et du contentieux sera chargée de veiller, conformément aux dispositions du code électoral en vigueur, à la légalité des actes posés aussi bien par le candidat et ses colistiers que de tous les membres de l'équipe de campagne. De faire valoir, en retour, leurs droits particulièrement, le jour du scrutin et après. C'est ainsi à elle que reviendra l'examen des procès-verbaux et de la rédaction des requêtes en contestation des résultats, au cas où leur liste serait lésée.

Aussi exaltante et passionnante soit-elle, une campagne électorale est si exigeante qu'il est indispensable de créer une véritable synergie entre tous ceux qui y seront impliqués. C'est pourquoi, chaque commission gagnerait à être composée aussi bien de colistiers que de partisans du candidat.

Compte tenu de leur spécificité, certaines commissions doivent, cependant, être composées de membres dont le profil est en adéquation avec les attributions desdites commissions.

Ainsi, la commission des finances devrait être composée de financiers, celle de la santé, par des membres du corps médical, et la commission des affaires juridiques et du contentieux, par des juristes, etc.

Une séance de sensibilisation est à initier à l'intention de tous les membres des commissions, afin qu'ils soient au même niveau d'information et qu'ils puissent mieux appréhender leurs rôles respectifs.

Cette séance pourrait être mise à profit, pour évaluer les forces et les faiblesses des listes concurrentes, pour être en mesure de leur porter la contradiction.

L'issue de cette séance pourrait être sanctionnée par la remise, à chacune des commissions, d'une feuille de route qui déclinerait leurs rôles et marquerait le lancement de leurs activités.

B- Les Structures d'Appoint

Peuvent être considérées comme structures d'appoint de la campagne électorale les cellules locales de campagne et les scrutateurs à affecter dans les différents bureaux de vote.

1- Les cellules locales de campagne

Structures relais sur le terrain, les cellules locales auront pour mission de mener une campagne permanente de proximité, dans leurs quartiers et villages respectifs. Elles doivent, par conséquent, être composées de résidents au fait des réalités de la localité concernée.

Les responsables de ces cellules sont à convier à la séance de sensibilisation organisée au profit des membres des structures permanentes.

2- Les scrutateurs

Le candidat et ses colistiers ne pouvant être présents dans tous les bureaux à la fois, les scrutateurs seront chargés de les y représenter, le jour du scrutin.

Ils auront pour mission de veiller à la régularité et à la transparence des opérations de vote au sein de leurs bureaux respectifs et de rendre compte à leurs mandants, par l'intermédiaire de la commission de supervision des opérations de vote. D'où la nécessité de se tenir informer du nombre exact de bureaux de vote prévus, pour constituer un pool de scrutateurs, y compris des suppléants.

Une séance de sensibilisation doit également être initiée à leur intention, afin de les instruire aussi bien du contenu et de l'importance de leur rôle que de la conduite à tenir au sein d'un bureau de vote, pour s'acquitter efficacement de leur mission.

Ses différents outils finalisés et son dispositif de campagne mis en place, le postulant pourra attendre, en toute sérénité, la publication des listes autorisées à prendre part à l'élection.

Une fois sa liste retenue, le postulant devient un *Candidat* à part entière à la fonction d'exécutif local.

Dès lors, il lui faudra, dans l'attente de l'ouverture de la campagne électorale, expérimenter son dispositif sur le terrain.

II-2- L'EXPERIMENTATION DU DISPOSITIF DE CAMPAGNE

Cet exercice permettrait au candidat et à ses partisans, de tester la fiabilité et l'efficacité de ce dispositif, avant l'ouverture de la campagne électorale. Ils se mettraient ainsi à l'abri de tout dysfonctionnement pouvant nuire au bon déroulement de leur campagne.

La pré - campagne est la période idéale pour effectuer cette expérimentation.

Elle consisterait, tout d'abord, à installer son équipe de campagne au siège qu'il aura pris soin d'identifier auparavant, afin d'en apprécier les commodités et en maîtriser l'environnement.

Il s'agirait, ensuite, de procéder au repérage des lieux de vote, d'organisation des meetings et conférences, des expositions et journées portes ouvertes, de projections audiovisuelles ainsi que des emplacements où apposer les différentes affiches de campagne et autres.

De se consacrer, enfin à un inventaire exhaustif du matériel de campagne acquis ou réservé, y compris les affiches, prospectus, dépliants, brochures, plaquettes et gadgets, pour s'assurer de leur disponibilité, dès l'ouverture de la campagne.

C'est ainsi que le candidat pourra, en toute confiance, aborder, la période électorale.

TROISIEME PARTIE

DE LA PERIODE ELECTORALE
A LA PERIODE POSTELECTORALE

La préparation de sa campagne achevée, le candidat pourra aborder l'échéance électorale proprement dite dont la période postélectorale constituera l'ultime étape du processus de conquête du Pouvoir local.

La période électorale et la période postélectorale, tels sont les deux chapitres qui composent cette troisième partie.

CHAPITRE I

LA PERIODE ELECTORALE

La période électorale se caractérise par la campagne électorale et le déroulement du scrutin.

I- LA CAMPAGNE ELECTORALE

La période légale de campagne électorale est déterminée par l'institution nationale en charge des élections qui en fixe les dates d'ouverture et de clôture.

Elle offre, aux différents candidats en compétition, l'occasion de déployer leurs stratégies respectives, pour s'attirer les faveurs des électeurs.

L'entrée en campagne d'un candidat peut se faire au cours d'une cérémonie publique de lancement. Celle-ci consisterait essentiellement à présenter les membres de son équipe, l'identité de campagne de sa liste, sa stratégie de restitution des supports et le planning de déroulement de sa campagne.

Cette campagne électorale exige l'implication active aussi bien du candidat- tête de liste-, que de ses colistiers et de tous les membres de l'équipe de campagne.

I-1- LE ROLE DU CANDIDAT

Leader de la liste qu'il conduit, le candidat - tête de liste- en est évidemment le porte flambeau. Cette position exige, de lui, des aptitudes et qualités particulières.

En effet, véritable locomotive à laquelle tous ses partenaires doivent s'arrimer, c'est bien sûr, à lui que reviendra les honneurs du succès. Mais, il sera particulièrement seul à assumer l'entière responsabilité, en cas échec. Il ne doit, par conséquent, ménager aucun effort, pour la victoire finale. Car, comme dit l'adage: «*La victoire a plusieurs pères, mais la défaite est orpheline*».

C'est donc de sa détermination et de son engagement que ses partenaires tireront force et vigueur, pour battre campagne avec foi et dévouement. «*On ne peut donner envie aux autres qu'en ayant soi-même envie* ».

C'est pourquoi il doit personnellement croire en la victoire, tout au long de la campagne, et le démontrer par son enthousiasme, sa combativité et sa disponibilité à répondre présent sur tous les fronts. Que ce soit aux différents meetings, dans les lieux publics, et partout où besoin sera. «*C'est en croyant aux roses qu'on les fait éclore*», disait Anatole France.

Faire preuve d'un sens aigu du commerce de l'homme pourrait également y contribuer. En effet, c'est par son comportement affable, sa courtoisie, son respect et sa considération à l'égard des autres, et surtout, ses encouragements soutenus à l'endroit de ses partenaires qu'il parviendra à répandre dans le cœur de chacun d'eux, le baume bienfaisant de la confiance nécessaire pour les galvaniser.

Appelé à s'adresser directement aux populations, ses interventions publiques doivent être préparées avec soin, parce qu'elles permettront de le juger. Il lui faudra alors avoir une parfaite maîtrise de son discours, savoir le rendre, et être capable de répondre à toutes les questions qui lui seront posées par son auditoire, sans en négliger aucune. Celles-ci traduisant généralement les préoccupations réelles des populations.

Ces interventions sont à mettre à profit pour relever, avec élégance, les faiblesses des solutions proposées par ses adversaires, en s'abstenant cependant de les nommer.

Enfin, le candidat gagnerait à soigner sa tenue vestimentaire et son comportement, pour donner de lui une meilleure image. Car, comme le dit Jean-Luc Parodi[11]: «*Ce que tu es parle si fort qu'on n'entend plus ce que tu dis*».

I-2- LE ROLE DES AUTRES MEMBRES DE L'EQUIPE DE CAMPAGNE

Puisqu'ils ont été sollicités et qu'ils ont volontairement donné leur accord, tous les membres de l'équipe de campagne ont l'obligation morale d'assister efficacement leur leader, en s'investissant corps et âmes dans la campagne électorale, comme ils voudraient que celui-ci le fît pour eux. Cela implique nécessairement qu'ils soient dans les mêmes dispositions d'esprit, en se montrant aussi déterminés et disponibles que lui.

La promotion du programme de campagne, du candidat, lui même et de chacun de ses colistiers s'impose donc à eux.

11 Député français, Chercheur et Politologue. In le mensuel La revue n°15, Septembre 2011, page 50.

Une exploitation judicieuse des informations en leur possession et la maîtrise des supports et moyens d'accompagnement de la campagne les aideront à s'acquitter efficacement de cette mission.

Ainsi, bien plus qu'au candidat, c'est à eux que doit, principalement, revenir la tâche de le défendre contre toutes critiques et attaques insidieuses. Le recours à l'argumentaire bâti, à cette fin, leur permettra d'y parvenir.

Quant à la mission de consolidation et de pérennisation des acquis des passages du candidat et de la direction de campagne dans les différentes localités de la collectivité locale, elle sera de la responsabilité des membres des cellules locales.

L'ardeur et le zèle aussi bien des membres de l'équipe de campagne que de toutes autres personnes ressources à impliquer dans la campagne doivent cependant être canalisés, en leur recommandant, notamment de veiller au respect de leurs différents interlocuteurs, et plus particulièrement, des us et coutumes locales, dans leurs rapports avec les membres des chefferies traditionnelles.

II- LE DEROULEMENT DU SCRUTIN ELECTORAL

Etape déterminante, voire de vérité du processus électoral, le déroulement du scrutin doit faire l'objet d'une préparation minutieuse et d'une observation rigoureuse.

II-1- LA PREPARATION DU SCRUTIN

Une préparation minutieuse du scrutin consiste, tout d'abord, à participer à toutes les séances de travail auxquelles les différents candidats seraient conviés par l'autorité en charge des élections.

La présence à ces rencontres est indispensable, pour être au fait d'informations, instructions et consignes, tels que les lieux et bureaux de vote retenus. Cette information sera d'une importance capitale, parce qu'elle permettrait de prévoir le nombre exact de scrutateurs à déployer, le jour du vote.

Des dispositions pourraient ainsi être prises, pour affecter chaque scrutateur à un bureau de vote situé à proximité de son lieu d'habitation, pour qu'il puisse y accéder plus facilement.

La préparation du scrutin est à finaliser au cours d'une dernière séance de travail réunissant les membres des différentes structures de campagne. Cette séance aura pour objectifs d'aplanir les difficultés auxquelles les structures seraient confrontées, de faire le point de la logistique mobilisée et de donner les dernières consignes d'usage.

Celle-ci pourrait être mise à profit pour remettre, à chaque scrutateur, sa lettre d'accréditation signée du candidat qui lui donne ainsi pleins pouvoirs pour le représenter valablement dans un bureau de vote. Les membres de la direction de campagne et de la commission de supervision des opérations de vote doivent, eux aussi, en être munis.

II-2- L'OBSERVATION DU SCRUTIN

L'observation du scrutin est une opération stratégique du processus électoral. C'est pourquoi elle exige une vigilance accrue, particulièrement, le jour du vote.

Cette vigilance s'impose, parce que l'observation contribue à certifier de la crédibilité du scrutin. Elle permet, à tous les observateurs, et principalement à chaque candidat, de porter un jugement objectif sur le déroulement du scrutin, et d'en accepter le verdict. La commission de supervision des opérations de vote revêt donc toute son importance.

En effet, outre sa mission principale qui est de parcourir les différents bureaux de vote, pour s'assurer du bon déroulement du scrutin, cette commission a deux autres missions spécifiques.

La première de ces missions consiste à vérifier la présence effective de tous ses scrutateurs dans leurs bureaux respectifs d'affectation et de pallier à toute défection. Aussi, chaque candidat doit-il disposer de scrutateurs suppléants, à portée de main. Bien de candidats l'ont appris à leurs dépens, par la faute de scrutateurs véreux ayant délibérément fait défection, parce qu'ils étaient, en réalité, des espions en mission de sabotage pour le compte de listes adverses. L'objectif de leurs commanditaires étant d'empêcher que les listes concurrentes soient représentées dans les bureaux de vote, avec, bien sûr, toutes les conséquences qui pourraient en résulter.

La seconde mission spécifique de cette commission consiste à se procurer les copies des procès-verbaux de dépouillement des bulletins de chaque bureau de vote. De les mettre ensuite à la disposition de la direction de campagne qui procédera à leur examen, assistée des membres de la commission des affaires juridiques et du contentieux.

CHAPITRE II

LA PERIODE POSTELECTORALE

La période postélectorale se caractérise par la proclamation des résultats du scrutin électoral et l'entrée en fonction des autorités locales élues.

Quel que soit le sort réservé à chacun des candidats, à l'issue du scrutin électoral, la noblesse de l'ambition légitime les ayant amené à s'engager dans le processus de conquête du Pouvoir local mérite que quelques recommandations utiles leurs soient faites.

I- LA PROCLAMATION DES RESULTATS DU SCRUTIN ELECTORAL

Les résultats du scrutin peuvent être favorables ou non à l'un ou l'autre des candidats, à travers leurs listes respectives.

Au cas où les résultats leurs seraient défavorables, le candidat concerné et ses colistiers doivent faire preuve de fair-play, en reconnaissant leur défaite.

S'ils s'estiment cependant lésés, ils sont légalement habilités à introduire, sur la base de preuves matérielles, une requête en contestation des résultats, auprès de l'autorité compétente en la matière.

Mais, une fois ce contentieux vidé, ils sont tenus, par un comportement responsable et républicain, de se soumettre au verdict définitivement rendu, dans l'intérêt supérieur de la collectivité locale et du respect du jeu démocratique.

Le candidat élu et ses colistiers doivent, en ce qui les concerne, s'atteler à préparer leur entrée en fonction.

II- L'ENTREE EN FONCTION DES AUTORITES LOCALES ELUES

L'entrée en fonction des nouvelles autorités locales est précédée d'une procédure de mise en place des organes de la collectivité locale et d'une cérémonie dite de passation de charges.

II-1- LA MISE EN PLACE DES ORGANES DE LA COLLECTIVITE LOCALE

Dès la proclamation des résultats définitifs de l'élection, la procédure de mise en place des organes de la collectivité locale est enclenchée, conformément au mode de scrutin en vigueur.

Cette procédure se caractérise par la répartition des sièges au sein de l'organe délibérant, la désignation de l'exécutif local et la mise en place de l'organe de coordination de la collectivité locale.

A- La Répartition des Sièges au sein de l'Organe Délibérant

Lorsqu'il s'agit d'une élection au scrutin de liste uninominal majoritaire à un tour, sans panachage ni vote préférentiel, l'organe délibérant de la collectivité locale n'est composé que des seuls membres de la liste déclarée victorieuse.

Lorsqu'il s'agit, par contre, d'une élection au scrutin de liste proportionnel, la liste victorieuse se voit d'office attribuer la moitié de l'ensemble des sièges de l'organe délibérant à constituer. L'autre moitié des sièges restants à pourvoir est repartie entre toutes les listes en concurrence, au prorata du nombre de voix obtenues par chacune d'elles, y compris la liste victorieuse.

C'est à ce stade du processus que l'ordre de préséance sur la liste proposée par chaque candidat revêt toute son importance; Puisque, seul cet ordre permettra à chaque colistier de se voir attribuer ou non, un siège d'élu local, au sein de l'organe délibérant à constituer.

B- La Désignation de l'Exécutif Local et la Mise en Place de l'Organe de Coordination

La désignation de l'exécutif local et la mise en place de l'organe de coordination de la collectivité locale ont lieu au cours de la première réunion ou session de l'organe délibérant, sur convocation de l'autorité de tutelle. Cette séance est dirigée par un bureau présidé généralement par le doyen d'âge et placée sous la supervision du représentant de l'autorité de tutelle.

La procédure de mise en place de chacun de ces organes varie, selon les niveaux de collectivités.

1- La désignation de l'exécutif local

Lorsqu'il s'agit, par exemple, d'une Commune, l'élection de l'exécutif local qu'est le Maire a généralement lieu au second degré, c'est-à-dire, par un collège restreint composé des seuls membres de l'organe délibérant. Chacun d'eux peut se porter candidat.

Le fait d'être le leader de la liste victorieuse ne constitue donc nullement une garantie pour se faire élire Maire. C'est pourquoi, le candidat-tête de liste-doit demeurer vigilant, jusqu'à cette ultime échéance, pour éviter toute surprise désagréable. Bon nombre de candidats l'ont malheureusement appris à leurs dépens. Ceux-ci ayant finalement été évincés, alors qu'ils croyaient, à tort, que leur élection était acquise d'avance.

C'est pour préserver certains niveaux de collectivités locales, tels que le département, la région et autres, contre cette situation dont les conséquences peuvent s'avérer préjudiciables à la cohésion et à l'harmonie au sein des organes des collectivités concernées que, dans certains pays, le législateur a décidé de faire d'office, du leader de la liste victorieuse, l'exécutif local de la collectivité.

2- La mise en place de l'organe de coordination

S'agissant de la Commune, l'organe de coordination qu'est la municipalité est composée du Maire et de ses d'Adjoints. Les Adjoints au Maire sont élus par ordre de préséance, dans les mêmes conditions et pour la même durée de mandat que le Maire. Généralement de cinq ans, la durée du mandat peut être de trois, quatre ou six ans, selon les pays.

Pour d'autres collectivités locales dont le département, la région et bien d'autres, l'organe de coordination qu'est le bureau du Conseil est composé du Président et de ses Vice-présidents. C'est dans la logique de préservation de la cohésion au sein du bureau du Conseil que, dans certains pays, les Vices - Présidents sont proposés par le Président du Conseil, pour un mandat d'un an renouvelable, contrairement à celui du Président dont la durée est de cinq ans.

Bien qu'ayant été mis en place, les différents organes de la collectivité locale ne peuvent cependant entrer en fonction qu'à l'issue d'une cérémonie solennelle dite de passation de charges entre l'exécutif local sortant et le nouvel élu.

II-2- LA PASSATION DE CHARGES

La passation de charges consacre la fin d'un mandat et marque le début d'un autre.

La passation de charges est une séance de travail au cours de laquelle l'exécutif local sortant remet au nouvel élu, appelé exécutif local entrant, toutes les charges liées à sa fonction. Celle-ci a lieu en présence du représentant de l'autorité de tutelle.

Cette séance consiste à dresser un état de la situation globale de la collectivité locale au moment de l'entrée en fonction de la nouvelle autorité locale. L'opération de passation de charges n'est donc pas synonyme d'un bilan du travail effectué par l'exécutif local sortant.

Le fondement de la passation de charges réside dans l'obligation de continuité du service public.

Lorsqu'il s'agit d'une collectivité locale de création récente, la passation de charges a lieu entre l'exécutif local entrant et l'autorité administrative, en l'occurrence le Sous-préfet, le Préfet ou autre autorité ayant, jusque là, été en charge de l'administration de cette collectivité.

En apposant leurs signatures sur le procès-verbal de la séance, contresigné par le représentant de l'autorité de tutelle, l'exécutif local entrant et l'exécutif local sortant marquent leurs accords respectifs sur la nature et le contenu des charges transmises.

L'atmosphère étant généralement tendue, lors des séances de passation de charges il est, dès l'ouverture de la séance, du devoir du représentant de l'autorité de tutelle d'interpeler les différentes parties à dépassionner les travaux, en faisant appel à leur sens des responsabilités. L'exécutif local sortant ne devant, en aucune façon, être considéré comme un coupable mis au banc des accusés devant une juridiction le sommant d'avouer son forfait. L'exécutif local entrant ayant, le cas échéant, toute latitude de faire des observations ou formuler des réserves.

C'est au terme de cette cérémonie de passation de charges que les nouvelles autorités locales entrent effectivement en fonction. Après que d'utiles recommandations aient été faites aux parties en présence.

III- QUELQUES RECOMMANDATIONS UTILES

Ces recommandations sont d'ordre général et d'ordre spécifique.

III-1- RECOMMANDATIONS GENERALES

Ces recommandations sont dites générales, parce que s'adressant à l'ensemble des candidats ayant pris part à l'élection.

En effet, quel que soit le résultat du scrutin, il est important, pour tout candidat ayant brigué les suffrages de ses concitoyens, de procéder à une évaluation de ce moment passionnant qu'aura été la campagne électorale qu'il a vécu avec ses colistiers et tous les membres de son équipe de campagne.

Cette évaluation consiste à dresser un bilan des actions menées, pour relever aussi bien les éléments de satisfaction et d'insatisfaction ayant marqué la campagne électorale et d'en tirer des enseignements.

Il s'agit également de faire le point de tous les engagements pris, afin de les honorer. En s'assurant, par exemple, de la restitution des équipements et matériels loués ou empruntés, de l'apurement des impayés et des dettes éventuellement contractées. Le respect de ces engagements dont l'objectif est de préserver la crédibilité et l'honorabilité du candidat est impératif.

L'évaluation doit être sanctionnée par un rapport devant faire l'objet d'une restitution aux colistiers et à l'ensemble des membres de l'équipe de campagne, au cours d'une séance bilan ou de « débriefing ».

Enfin, il ne faut jamais oublier d'exprimer sa reconnaissance et sa gratitude aux populations et à l'ensemble de ses partenaires, les donateurs y compris. Car, qu'il ait été élu ou non, le candidat pourrait décider de s'engager de nouveau dans le processus de conquête du Pouvoir local, soit en qualité d'exécutif local sortant désireux de le conserver, soit en qualité de candidat voulant, une fois encore briguer cette fonction.

III-2- RECOMMANDATIONS SPECIFIQUES

Elles sont dites spécifiques, parce que ces recommandations s'adressent au candidat malheureux, d'une part et au candidat élu, d'autre part.

A- Recommandations au candidat Non Elu

Ne pas remporter une élection n'est jamais une fin en soi, pour celui qui sait en tirer profit. Tout échec électoral devrait, plutôt, être considéré comme une leçon pour l'avenir, c'est-à-dire, une expérience enrichissante qui pourrait s'avérer féconde à moyen et long terme. Autrement dit, il faut être capable de transformer sa défaite du moment en une victoire future. Ce qu'une célèbre artiste[12] africaine exprime si bien dans l'une de ses chansons, lorsqu'elle dit que: *«La force d'un*

---

12 Chantal Taïba, chanteuse ivoirienne

homme ce n'est pas de ne jamais tomber, mais c'est de pouvoir se relever à chaque fois qu'il tombe». Pourvu, bien sûr, que l'on s'arme de courage pour se remettre à l'ouvrage.

«Patience et longueur du temps sont plus que force ni que rage », disait La Fontaine.

Or, force est de constater que certains élus locaux, pour n'avoir pu accéder à la fonction d'exécutif local ou ne pas appartenir à la liste victorieuse, s'abstiennent délibérément de siéger au sein des instances dirigeantes de la collectivité locale. Violant ainsi l'obligation qui leur incombe de remplir fidèlement les devoirs de leur important mandat.

Ce comportement peu honorable est à éviter, de la part d'élus qui ne devraient, sous aucun prétexte, trahir la confiance de leurs électeurs, en participant activement à la conduite des affaires de la collectivité pour laquelle ils ont été choisis. Car, c'est à force de s'exercer à la tâche qu'ils s'imprégneront davantage des réalités de la gouvernance locale, et qu'ils seront mieux préparés à repartir, de plus bel, à la conquête du Pouvoir local auquel ils aspirent tant.

Faute de quoi, ils pourraient être déchus de leur mandat et exclus des instances de la collectivité locale, pour cause d'absences illégitimes et prolongées. Avec pour conséquence, d'être déclaré inéligible lors des élections à venir.

B- Recommandations au Nouvel Exécutif local

Tout nouvel exécutif local aurait beaucoup à gagner, en s'initiant à la gestion locale, et en créant les conditions d'une implication active de l'ensemble des acteurs locaux dans la conduite des affaires de la collectivité.

1- L'initiation à la gestion locale

Si utiles soient-ils, ni sa formation initiale, ni ses titres ou ses fonctions antérieures ne suffiront, à tout nouvel exécutif local, à garantir son succès dans l'exercice de sa nouvelle fonction.

Car, bien plus qu'une fonction, la charge d'exécutif local est un véritable «Métier» qui exige des connaissances et aptitudes spécifiques. C'est pourquoi, le nouvel exécutif local doit faire de son initiation à la gestion locale une préoccupation essentielle, avant son entrée en fonction, et même, avant la séance de passation de charges. Il serait ainsi en mesure de mieux comprendre et interpréter les documents qu'il héritera de son prédécesseur.

Il sera, par exemple, instruit que des « *restes à payer* » ou des « *restes à recouvrer* » qui apparaîtraient dans les documents financiers et livres comptables relatifs à la gestion de l'exécutif local sortant ne constituent forcément pas des détournements de fonds. Contrairement à l'interprétation erronée que, par ignorance, certains exécutifs locaux entrants et leurs partisans en font bien souvent.

Il se préserverait, en outre, de quelques erreurs récurrentes que commettent bien de nouveaux exécutifs locaux, en début de mandat.

En effet, à la faveur de l'état de grâce dont ils bénéficient encore, du fait de leur élection fraîchement acquise, ces élus et leurs partisans se laissent aller à certains actes qui pourraient être de nature à hypothéquer le mandat à peine entamé. Deux types d'actes peuvent, à ce titre, être cités en exemples.

Le premier exemple du genre concerne quelques actes d'humiliation qui se traduisent par des railleries, quolibets, voire de mépris que leurs partisans font parfois subir à l'exécutif local sortant.

De tels comportements et bien d'autres encore qui frisent quelques fois l'indécence et que, par pudeur, nous nous gardons d'évoquer ici, ne peuvent qu'être sources de frustrations. Frustrations ayant généralement pour conséquence d'aliéner le nouvel exécutif local d'une partie de ses administrés que constituent les partisans de son prédécesseur; Ceux-ci optent alors pour une opposition systématique, voire radicale à son action. Car, il ne faut jamais oublier que les blessures d'amour propre sont les plus difficiles à cicatriser.

Bien d'exécutifs locaux entrants qui se sont rendus coupables de tels actes l'ont appris à leurs dépens, au terme de leur mandat. « *Ne fais pas aux autres ce que tu ne voudrais pas que l'on te fît* ». Parce que viendra le jour, et il viendra inévitablement, ce jour où, volontairement ou non, l'exécutif local entrant que l'on est aujourd'hui, devra céder le Pouvoir. Alors se retrouvera-t- il dans la position inconfortable de son prédécesseur qu'il aurait contribué à humilier, quelques années auparavant. En politique, ne sait-on jamais !

Cette glorieuse incertitude du jeu politique devrait amener tout nouvel exécutif local à savoir raison garder, pour demeurer humble dans sa victoire et veiller à tempérer l'ardeur de ses partisans. Se souvenant toujours qu'une élection locale oppose des fils et filles, d'une même communauté, appelés à toujours vivre ensemble.

Le second exemple est relatif à la pratique de la « chasse aux sorcières » à laquelle s'adonnent certains exécutifs locaux entrants. Les cadres de l'administration locale en sont souvent les victimes, au seul motif d'avoir servis sous l'autorité de leurs prédécesseurs. Source de malaise interne et de démotivation, cette pratique est préjudiciable à la sérénité dont cette administration a pourtant le plus besoin, pour être efficace et performante.

Pour éviter de se rendre coupable d'un pareil comportement, tout nouvel exécutif local doit s'accorder le temps nécessaire, pour apprécier, par lui-même, la manière de servir de chaque agent, avant la prise de toute décision en son encontre.

Un ancien exécutif local qui avait opté pour cette approche, eût l'occasion d'apprécier la compétence et le professionnalisme du Secrétaire général en exercice, si bien qu'il le conserva dans sa fonction. Contrairement à l'idée que ses partisans et lui avaient convenue, durant la campagne électorale, à savoir de se séparer de cet agent, dès leur entrée en fonction, au profit d'un des leurs. A l'endroit de ses partisans qui n'approuvèrent pas sa décision, cet exécutif local a tenu les propos suivants: «*Il est plus facile de faire d'un agent compétent un ami que de faire d'un ami un agent compétent*». Ce Secrétaire général qui jouissait, d'ailleurs d'une notoriété publique établie, demeura donc à son poste, tout au long du mandat. A la plus grande satisfaction de cet exécutif local et de ses partisans, eux-mêmes qui tirèrent fierté de trouver en lui un tel collaborateur, et fierté pour les populations locales de trouver en lui un tel serviteur.

Il ne faut, tout de même, pas perdre de vue que, si au niveau local le processus décisionnel est de la responsabilité des élus locaux, le processus opérationnel, c'est-à-dire, celui de la mise en œuvre des décisions prises incombe au personnel. A cet égard, celui-ci a besoin d'être mis en confiance, pour donner le meilleur de lui même. Car, comme dirait l'autre: «*La confiance est le meilleur instrument de mesure de la compétence d'un collaborateur*».

C'est pourquoi, les exécutifs locaux doivent s'employer à créer les conditions d'une meilleure collaboration du binôme exécutif local-personnel. Parce que, c'est de la réussite de cette association que dépend, bien souvent, le succès du travail mené conjointement. Ce qui a fait dire à, Monsieur Lénissongui Coulibaly[13]:

«Ce qui unit l'exécutif local et son personnel, c'est l'intérêt commun qu'ils ont de voir fonctionner correctement l'administration locale, pour le bien - être de toute la collectivité».

Cette nécessaire complémentarité a été illustrée, de fort belle manière, par Monsieur Roch Letourneau[14] qui, à travers son article intitulé, « *La roue de l'activité municipale*», a comparé l'exécutif local à un mécanicien, le personnel à des outils et les électeurs à des clients.

Paraphrasant le Sieur Letourneau dont nous faisons nôtre la réflexion, nous pouvons dire:

«Comme un bon mécanicien a besoin de bons outils dont il prend soin, pour offrir des prestations de qualité, à la satisfaction de ses clients, de même l'exécutif local a besoin d'un personnel de qualité dont il doit

---

13 Ancien Maire de la Commune de Boundiali, en Côte d'Ivoire.

14 Directeur général de municipalité au Québec, Canada.

prendre soin, pour conduire efficacement les affaires de la collectivité locale, à la satisfaction des usagers, ses électeurs».

Enfin, l'attention du nouvel exécutif local doit être attirée, de façon particulière, sur une vérité implacable de la gestion d'une collectivité locale. Vérité, selon laquelle le personnel d'une administration locale est comparable à un « Croque-mort.».

Personnage dont nous répugnons généralement la compagnie, pendant nos moments de bonheur et d'insouciance, entourés de nos parents, amis et connaissances, le Croque - Mort est, cependant, celui à qui nous nous remettons entièrement, lorsqu'un être cher vient à nous quitter. En effet, c'est à lui que revient de rendre le triste et ultime devoir au disparu, à savoir, refermer la tombe. Le Croque-mort se retrouvant ainsi seul à accomplir cet acte fatidique, lorsque se sont retirés, tous ceux avec lesquels le défunt a passé sa vie.

Il en est de même du personnel d'une collectivité locale. Bien que ne bénéficiant pas toujours de la bienveillance de l'exécutif local, beaucoup plus préoccupé à soigner ses relations avec les populations et les partenaires extérieurs de la collectivité, le personnel lui reste fidèle, jusque dans les derniers instants de l'exercice de sa fonction.

L'expérience montre que, lorsque le moment arrive, pour tout exécutif local, de céder son fauteuil, seul le personnel demeure à ses côtés aussi bien lors de la préparation des dossiers que de la cérémonie de passation de charges entre celui-ci et le nouvel élu.

Alors que, nombreux sont les membres de son Conseil qui brillent par leur absence. Préoccupés qu'ils sont à se prévaloir d'une nouvelle virginité politique, alors qu'ils sont aussi comptables de la gestion des affaires de la collectivité locale.

Le renforcement de ses capacités permettra, également, au nouvel exécutif local de s'imprégner de l'esprit et de la lettre de la gestion locale. Parce qu'il doit savoir que l'on peut exercer la fonction d'exécutif local, sans pour autant être imprégné de cette «*Culture locale*» qui est la marque distinctive des véritables exécutifs locaux. Ceux qui ne la possèdent pas sont aisément identifiables.

Il n'est donc pas surprenant que les exécutifs locaux considérés comme des références ne sont pas toujours ceux issus de la haute administration publique ou des hautes sphères du secteur privé, encore moins du milieu universitaire.

C'est pourquoi, il est du devoir de tout exécutif local de faire du renforcement des capacités des membres de son Conseil, une priorité. Parce que, provenant d'horizons professionnels divers, ceux-ci sont également peu préparés à l'exercice de la fonction d'élu local.

Un atelier d'information, de formation et de sensibilisation à la conduite des affaires locales est donc à organiser à leur profit, dès leur entrée en fonction.

Il devrait donc se garder d'avoir la même réaction que ce nouvel exécutif local qui, à la suite d'une proposition de formation des membres de son Conseil à lui faite, dès leur entrée en fonction, a répondu, en ces termes:

« *Je préfère utiliser l'argent de ma collectivité pour acheter du carburant à mettre dans ma benne à ordures, plutôt que de le consacrer à de la formation* ».

C'est à ce prix que cet exécutif local disposera de collaborateurs de qualité, capables de l'aider efficacement à impulser une meilleure gouvernance locale. Car, quels que soient les soutiens dont il aurait bénéficié pour accéder au Pouvoir local, il se retrouvera, dans l'exercice de sa fonction, seul face à ses responsabilités, et seul à assumer ses actes.

Imputant d'ailleurs, au déficit de formation des conseillers municipaux de sa génération, la cuisante défaite électorale subit par la quasi totalité des Conseils municipaux mis en place, dès l'instauration de la politique de décentralisation dans son pays, à l'exception d'un seul Conseil; Un ancien conseiller municipal nous a tenu, avec regrets et ironie, mais une profonde amertume, les propos suivants:

«*Cher Monsieur, puisse votre pudeur en souffrir, excusez-moi de vous confier que, contrairement à ce que nous croyions, nous étions bien loin d'avoir été de véritables Conseillers mais plutôt des C . . . à essayer* ».

2- L'implication de tous les acteurs locaux

La recherche de l'implication de l'ensemble des acteurs locaux dans la conduite des affaires de sa collectivité, autrement dit, l'approche participative doit être le mode de gestion à privilégier par tout exécutif local. Car, « Rien n'est possible sans les autres, quels que soient leurs conditions sociales et leurs niveaux intellectuels ».

«Together each achieves more», disent les anglais, c'est-à-dire: *«Unis chacun accomplit plus»*. Autrement dit: « *L'union fait la force* ».

Cette approche participative doit, tout d'abord, se traduire au sein même des organes décisionnels de la collectivité locale, notamment par la délégation de pouvoir à certains membres issus de listes minoritaires. Le renouvellement annuel des membres du bureau du Conseil de certaines collectivités locales institué dans quelques pays s'inscrit dans cette logique de responsabilisation et d'implication d'un plus grand nombre d'élus locaux dans les affaires locales.

L'institution d'organes consultatifs non statutaires, dans le dispositif institutionnel de certains niveaux de collectivités locales, en complément des organes consultatifs statutaires, s'inscrit dans cet objectif d'implication qui vise à mettre à contribution toutes les expertises dont regorge chaque collectivité.

C'est pourquoi, l'exécutif local doit prendre soin d'opérer le choix de leurs membres en ne tenant compte que des compétences et qualités intrinsèques des personnes à coopter; indépendamment de toutes autres considérations. Comme exemples d'organes consultatifs non statutaires, on peut citer le Conseil économique et social du département ou de la région, du Conseil consultatif du district, etc.

Cette logique participative doit amener tout nouvel exécutif local à ne point se passer de ce vivier de ressources humaines que représentent les membres de ses différentes structures de campagne. Le savoir-faire capitalisé par ceux-ci, pendant la période électorale, milite en faveur de leur insertion dans sa stratégie globale de mobilisation sociale.

Une telle initiative contribuerait grandement à lui épargner ce reproche récurrent fait à bien d'exécutifs locaux, par la plupart de leurs partisans d'hier qui estiment, avec regrets et amertume, d'être laissés pour compte, une fois le Pouvoir acquis par leur mentor.

L'intérêt et la pertinence de l'implication de tous les acteurs locaux ont été illustrés, de fort belle manière, par Monsieur Léon Konan Koffi[15'] qui disait:

«C'est en exploitant au mieux toutes les ressources humaines dont dispose une collectivité que le développement réalisé sera, non pas l'affaire des seuls initiés, mais celui de toute la communauté dont les membres seront fiers d'en prendre soin, comme de la prunelle de leurs yeux, parce qu'ils y auront pris part activement avec leurs mains, avec leur esprit et avec leur cœur».

---

15 Ancien Ministre ivoirien de l'Intérieur de 1980-1990

CONCLUSION

On ne s'improvise pas candidat à une élection locale. Encore moins à celle d'exécutif local. Car, comme dirait l'autre: «*Une campagne électorale n'est pas une aventure pour touristes pressés. Seuls ceux qui savent prendre leur temps sont récompensés*».

La marche vers le Pouvoir local est un processus qui comporte trois temps forts que constituent la période préélectorale, la période électorale et la période postélectorale.

A chacune de ces étapes correspondent des actions spécifiques à mener. Il est donc indispensable, pour tout candidat, de se doter d'un plan d'action, voire d'une feuille de route ou tableau de bord, pour une conduite efficace et rationnelle de son action.

L'observation de l'ensemble du processus tel que décliné, à travers ce livre, met en évidence l'importance stratégique de la période préélectorale, parce qu'elle est celle de la maturation de la décision à prendre ainsi que des initiatives à développer comme prétendant puis, comme postulant, en vue d'une préparation efficiente de la campagne électorale à venir. 159

Moment crucial et décisif, la période électorale demeure, pour le candidat qu'il est désormais, celle de l'action, c'est-à-dire, du déploiement sur le terrain de l'ensemble des outils qu'il se sera donné tant de peine à concevoir pour atteindre son but.

Enfin, point d'achèvement du processus, la période postélectorale est tout aussi importante. Car, elle consacre l'entrée en fonction du nouveau dépositaire du Pouvoir local, et donne à chacun des candidats ayant pris part au vote, un aperçu de la conduite à tenir, pour donner la pleine mesure de sa dimension politique et humaine, quel que soit le verdict des urnes.

C'est fort de ces acquis que, techniquement et moralement armé, l'engagement dans le processus d'accession à la fonction d'exécutif local ne sera pas, pour un candidat ainsi averti, un saut dans l'inconnu. Alors pourra-t-il accroître ses chances de réaliser son rêve: accéder au Pouvoir local. Car, «*Une candidature, çà se décide, çà se construit et çà se scénarise* ».

Puisse l'application judicieuse de cette «*recette*» originale exposée dans ce livre, permettre à tout candidat à une élection locale d'emprunter, avec une ferme, mais humble confiance, les trois marches qui symbolisent les temps forts conduisant au Pouvoir Local, dont le Bureau, le Fauteuil et l'Echarpe en sont les emblèmes !

BIBLIOGRAPHIE

1- Loi n°2000-514 du 1er août 2000 portant code électoral en Côte d'Ivoire;

2- Loi n° 2001-476 du 09 août 2001 d'Orientation sur l'Organisation Générale de l'Administration Territoriale en Côte d'Ivoire;

3- Loi n° 2001-477 du 09 août 2001 relative à l'organisation du Département en Côte d'Ivoire;

4- Loi n°2003-208 du 07 juillet 2003 portant transfert et répartition de compétence de l'Etat aux collectivités territoriales en Côte d'Ivoire;

5- Codes des Collectivités Territoriales de la République du Bénin, Burkina Faso, Mali et du Sénégal;

6- Décret n°2002-189 du 02 avril 2002 déterminant les règles de désignation des membres du bureau du conseil général en Côte d'Ivoire;

7- Décret n°2004-223 du 18 mars 2004 portant attributions, composition, organisation et fonctionnement du comité économique et social départemental en Côte d'Ivoire.

8- Quotidien ivoirien «Notre Voie» n°3388 du lundi 5 octobre 2009, page 15.

9- Elections et médias en Afrique centrale: voie des urnes, voix de la paix? Paris (France), Edition Karthala, 2010. Par Marie-Soleil Frère;

10- Élections et modes de scrutin, France l'Harmattan, Collection "La justice au quotidien", paru en 2007. Par Bertrand Pauvert;

11- Le Secrétaire général de collectivité locale: Quelques ficelles du métier, Nice (France), Editions Bénévent, Collection Libelli, 2005. Par Norbert Gokui ZADI.

12- Législatives 1906, une campagne électorale à la belle époque: correspondance, France, Harmattan, 2009. Par Camille Pelletan, Paul Baquiast;

13- Les Actes du Colloque international de l'Association des Secrétaires généraux de Mairies de Côte d'Ivoire (ASGMCI), de Grand-Bassam, 1416 décembre 1989.

14- Les Supports de campagne. Par Géraldine Pelzer.

15- Une vision nouvelle du bon vieux système administratif municipal, in revue Le Sablier, Volume1, n°3, septembre 1982. Par Roch Letourneau, Directeur général, Ville de Trois-Rivières (Québec- Canada).